Friedrich Kaiser

Flüchtig in der Heimat

Original-Charakterbild mit Gesang in drei Akten

Friedrich Kaiser

Flüchtig in der Heimat
Original-Charakterbild mit Gesang in drei Akten

ISBN/EAN: 9783744631471

Hergestellt in Europa, USA, Kanada, Australien, Japan

Cover: Foto ©Thomas Meinert / pixelio.de

Weitere Bücher finden Sie auf **www.hansebooks.com**

Wiener
Theater - Repertoir.

188ᵗᵉ Lieferung.

Preis 60 Neukreuzer oder 12 Sgr.

Flüchtig in der Heimat.

Original-Charakterbild mit Gesang in drei Acten

von Friedrich Kaiser.

Den Bühnen gegenüber als Manuscript gedruckt.

Wien, 1867.

Verlag der Wallishausser'schen Buchhandlung (Josef Klemm),
Stadt, hoher Markt 1, gegenüber dem Salvagnihof.

Wiener Theater-Repertoir.

1. Lieferung: **Rothe Haare.** — **Das Pamphlet.** Zwei Lustsp. v. M. A. Grandjean. Zweite Aufl. 7½ Sgr. od. 35 Nr.

2. — **Heimlich.** — Lustspiel in 1 Akt. von Grandjean. 7½ Sgr. oder 35 Nr.

3. — **Die geheime Mission.** Lustspiel in 3 Akten, von M. A. Grandjean. 7½ Sgr. oder 35 Nr.

4. — **Eine arme Schneiderfamilie.** Trauingem. m. Ges. Tanz u. Tabl., in 3 Abth., v. Jos. C. Böhm. 9 Sgr. od. 40 Nr.

5. — **Doktor und Friseur,** od.: Die Sucht nach Abenteuern. Posse m. Ges., in 2 Akt., v. Fr. Kaiser. 7½ Sgr. od. 35 Nr.

6. — **Der Pelzpalatin und der Kacheloſen,** oder: Der Jahrmarkt zu Rautenbrunn, Posse mit Gesang in 3 Akten, von Friedrich Hopp. 10 Sgr. oder 50 Nr.

7. — **Der Mentor,** Lustsp. in 1 Akt n. d. Franz. frei bearb. v. J. W. Lembert. Zweite Aufl. 7½ Sgr. od. 35 Nr.

8. — **Der Freund und die Krone.** Romant. Schausp. in 4 Akt., v. J. W. Lembert. Neue Auflage. 10 Sgr. oder 50 Nr.

9. — **Zum erstenmale im Theater.** Posse in 1 Akt. von Friedr. Kaiser. Zweite Auflage. 7½ Sgr. oder 35 Nr.

10. — **Der Gang ins Irrenhaus.** Lustsp. in 1 Akt, n. d. Franz. v. Herzenskron. Zweite Aufl. 7½ Sgr. oder 35 Nr.

11. — **Doña Diana.** Lustspiel in 3 Akt. n. d. Span. des Moreto von C. A. West. Vierte Aufl. 12 Sgr. oder 60 Nr.

12. — **Müller und Schiffmeiſter.** Posse mit Gesang in 2 Akten von Friedrich Kaiser. 10 Sgr. oder 50 Nr.

13. — **Die Tochter des Kapitains.** Schauspiel in 3 Akten nach dem Franz. von Col. Gärtner. 7½ Sgr. oder 35 Nr.

14. — **König und Aebtiſſin.** Trauerspiel in 3 Akten nebst 1 Vorspiele, von M. Patuzzi. 8 Sgr. oder 40 Nr.

15. — **Alle Mittel gelten.** Lustspiel in 1 Akt nach Scribe von L. Julius. 7½ Sgr. oder 35 Nr.

16. — **Eine Jugendſünde.** Lustspiel in 1 Akt, frei nach dem Französischen von L. Julius. — **Georgi.** Posse in 1 Akt von L. Julius. 7½ Sgr. oder 35 Nr.

17. — **Olga.** Lustspiel in 1 Akte, frei nach dem Französischen von L. Julius. 7½ Sgr. oder 35 Nr.

18. — **Zwei Piſtolen,** oder: Erſchoſſen und lebendig. Poſſe mit Gef. in 2 Akten, v Friedr. Kaiser. 10 Sgr. oder 50 Nr.

19. — **Der Bräutigam ohne Braut.** Lustspiel in 1 Akt. von Herzenskron. 7½ Sgr. oder 35 Nr.

20. — **Ein Mädchen iſt's und nicht ein Knabe.** Lustspiel in 1 Akt. nach dem Französischen von Herzenskron. Zweite Auflage. 7½ Sgr. oder 35 Nr.

21. — **Elias Regenwurm,** oder: Die Verlobung auf der Parforcejagd. Posse mit Gesang in 2 Akten, von Friedr. Hopp. 12 Sgr. oder 60 Nr.

22. — **Hoang-Puff.** Posse in 1 Akt, nach dem Französischen v. Herzenskron. Zweite Aufl. 7½ Sgr. oder 35 Nr.

23. — **Der Muß und der Ueberbringer.** Lustspiel in 1 Akt nach dem Französischen des Scribe von Herzenskron. Zweite Auflage. 7½ Sgr. oder 35 Nr.

24. — **Das Häuschen in der Aue.** Lustspiel in 1 Akt, nach dem Franz. frei bearbeitet von Herzenskron. Zweite Auflage. 7½ Sgr. oder 35 Nr.

25. — **Die Nebenbuhler.** Lustspiel in 3 Akten, nach Sheridan's „Rivals" von F. G. Hanker. 10 Sgr. oder 50 Nr.

26. — **Onkel Tom.** Amerikanisches Zeitgemälde mit Gesang und Tanz in drei Abtheilungen nebst einem Vorspiele, nach Stowe's Roman: „Onkel Tome Hütte," v. Therese Megerle. 10 Sgr. oder 50 Nr.

27. — **Ein alter Corporal.** Charakter-Gemälde in 5 Akten, von Carl Juin und P. J. Reinhard. Theilweise nach Dumanoir. 8 Sgr. oder 40 Nr.

28. — **Servus, Herr Stugerl!** Posse in 1 Akt, von Juin und Flerz. 7½ Sgr. oder 35 Nr.

29. — **Die Ehre des Hauses.** Drama in 5 Akt., v. C. Juin u. P. J. Reinhard. Nach Battu u. Desforges. 10 Sgr. od. 50 Nr.

30. — **Die Obſthändlerin des Königs.** Drama in 3 Akten und einem Vorspiele unter dem Titel: Der Waſſerträger von Paris. Nach dem Französischen frei bearbeitet von Therese Megerle. 8 Sgr. oder 40 Nr.

31. — **Liel. Gervinus,** der Narr vom Untersberg, Poſſe mit Gesang in 3 Akten von A. Berla. 8 Sgr. oder 40 Nr.

32. — **Eulenſpiegel,** oder Schabernack über Schabernack. Poſſe mit Gesang in 4 Akten, von J. Neſtroy. Dritte Aufl. 10 Sgr. oder 50 Nr.

33. — **Hempel, Krempel und Stempel.** Poſſe in 1 Akt. frei nach dem Engl. v. K. Graeſer. 7½ Sgr. oder 35 Nr.

34. — **Wahn und Wahnſinn.** Schauspiel in 2 Akten nach Melesville's Elle est folle bearb. von Lembert. Zweite Auflage. 8 Sgr. oder 40 Nr.

35. — **Ein Florentiner-Strohhut,** oder: Fatalitäten an dem Verlobungstage. Poſſe mit Gesang in 3 Akten, von Carl Juin und L. Flerz. 8 Sgr. oder 40 Nr.

36. — **Ein neuer Monte-Christo.** Original-Charakterbild in 3 Akten v. Friedr Kaiser. 12 Sgr. oder 60 Nr.

37. — **Die schöne Flaterin.** Lokaler Schwank mit Gesang und Tanz in 3 Akten. Nach einer älteren Kringleiner'schen Poſſe frei bearb. von A. E. Nadle. 8 Sgr. od. 40 Nr.

38. — **Eine reiſe Melone.** Schwank in 1 Akt von Boyle Bernard's Platonic attachements, von K. Graeſer. 7½ Sgr. oder 35 Nr.

39. — **Der Arzt wider Willen.** Schwank in 2 Akten, frei nach Molière, von Graeßer. ½ Sgr. oder 35 Nr.

40. — **Am Clavier.** Lustspiel in 1 Akt. Nach dem Französischen frei bearbeitet von M. A. Grandjean. Zweite Aufl. 7½ Sgr. oder 35 Nr.

41. — **All zu toll.** Faſtnachtspoſſe in 1 Akt. frei nach dem Engl. von K. Graeſer. 7½ Sgr. oder 35 Nr.

42. — **Die Geldfrage.** Lustsp. in 5 Aufz., v. Alexander Dumas Sohn, deutsch von P. J. Reinhard. 12 Sgr. oder 60 Nr

43. — **Diana de Lys.** Schausp. in 5 Aufz. v. Aler. Dumas Sohn, deutsch von P. J. Reinhard. 12 Sgr. oder 60 Nr.

44. — **Der natürliche Sohn.** Schauspiel in 4 Aufzügen und einem Vorspiel von Aler. Dumas Sohn, deutsch von P. Reinhard. 12 Sgr. oder 60 Nr.

45. — **Die Dame mit den Camelien.** Schauspiel in 5 Aufz. von Aler. Dumas' Sohn, deutsch von P. J. Reinhard. 12 Sgr. oder 60 Nr.

46. — **Ein Hut.** Lustsp. in 1 Akt. frei nach Mad. Emile de Girardin von M. A. Grandjean. 7½ Sgr. oder 35 Nr.

47. — **Das hohe C.** Lustspiel in 1 Akt von M. A. Grandjean. Zweite Auflage. 8 Sgr. oder 40 Nr.

48. — **Das Concert.** Lustspiel in 1 Akt, von P. M. Daghofer. 8 Sgr. oder 40 Nr.

49. — **Ein weiblicher Monte-Christo.** Charakterbild aus dem Pariser Leben, in 4 Abth. u. 5 Akten mit Muſik und Tanz v. Th. Megerle. 12 Sgr. oder 60 Nr.

50. — **Ein Mann ohne Herz.** Genrebild in 5 Akten von Al. Fr. Vann. 8 Sgr. oder 40 Nr.

51. — **Der Roman eines armen jungen Mannes.** Schauspiel in 5 Aufzügen und 4 Tableaux. Nach Octave Feuillet, von C. Juin und P. J. Reinhard 12 Sgr. oder 60 Nr.

52. — **Im Dorf.** Ländliches Charaktergem. mit Ges. und Tanz in 3 Abth. v. Therese Megerle. 12 Sgr. oder 60 Nr.

53. — **Ueberall Diebe.** Original-Schwank in 1 Akt von G. A. Suir. 8 Sgr. oder 40 Nr.

54. — **Ein Rekrut von 1859.** Volksstück mit Gef. in 3 Abth von L. A. Berg. 12 Sgr. oder 60 Nr.

55. — **Der böse Geiſt Lumpacivagabundus,** oder Das liederliche Kleeblatt. Zauberpoſſe mit Gesang in 3 Aufzügen von Joh. Neſtroy. Dritte Aufl. 12 Sgr. od. 60 Nr.

56. — **Frini und Compagnie.** Charakterbild mit Gesang in 3 Akten, von A. Baro. 12 Sgr. oder 60 Nr.

57. — **Der Wunderdotter.** Original Lebensbild mit Gesang in 2 Akten, von K. Gründorf. 12 Sgr. oder 60 Nr.

58. — **Der Mord in der Kehlmeſtergaſſe.** Poſſe in 1 Akt. nach dem Franz. von Aler. Bergen. 7½ Sgr. oder 35 Akt.

59. — **Möbel-Fatalitäten.** Schwank in 1 Akt. von Anton Bittner. 6 Sgr. oder 30 Nr.

60. — **Eine Vorlesung bei der Hausmeiſterin.** Poſſe in 1 Akt. von Aler. Bergen. Zweite Aufl. 6 Sgr. oder 30 Nr.

Flüchtig in der Heimat.

Charakterbild mit Gesang in drei Acten

von

Friedrich Kaiser.

Musik vom Kapellmeister J. Brandl.

Personen:

Herr von Axthausen, Herr und Bauer in Tirol.	Regine,
Cajetan von Zappelfeld aus Wien, sein Neffe.	Marthe, Bäuerinnen.
Stromberg, Jäger-Hauptmann	Broni,
Rampinger, Wirthschaftsbesitzer.	Martin,
Cilli, seine Base.	Andres,
Der Volker-Hans.	Mathis, Bauernbursche
Sepp, Holzhändler.	Ruprecht,
Ambrosius, ein Mönch.	Peter,
Sabine, Sennerin.	Birkmann, Förster.
	Ein Kellerjunge.

Feindliche Freischärler, Tiroler Schützen, Feldjäger, Weiber, Kinder u. s. w.

(Gebirgswald, rechts und links hohe Baumgruppen, im Hintergrunde eine fast senkrecht aufsteigende Felsenwand, welche nur von einer schmalen Schlucht durchbrochen ist, ein Fußsteig führt durch letztere nach der Höhe; über der Felswand sieht man noch die Gipfel ferner, zum Theil mit Schnee bedeckter Gebirge, welche im rothen Glanze der Abendröthe schimmern, während es im Vordergrund schon zu dämmern beginnt. Am Fuße der Felswand steht ein rothangestrichenes hölzernes Kreuz, an dessen Stamme ein Täfelchen angebracht ist, auf welches die Figur eines knienden Jägers gemalt und eine kurze Inschrift beigefügt ist. An diesem Täfelchen hängt ein aus grünen Zweigen geflochtener Kranz. — Beim Aufziehen des Vorhanges hört man aus einiger Entfernung ein Thurmglöcklein zum „Ave" läuten.)

Erster Act.

Erste Scene.

Gilli (allein).

(Sie ist in der Tracht einer Sennerin, kommt, in der Hand einen aus Alpenblumen geflochtenen Kranz tragend, gesenkten Hauptes den Fußsteig durch die Schlucht herab, geht gegen das am Fuße der Felsenwand befindliche Kreuz, will den Kranz an dasselbe hängen, bemerkt aber bereits den dort angebrachten Kranz und tritt überrascht einen Schritt zurück.) Was ist das? — Schon a Kranz da? A frischer Kranz?! — Wer hat den da aufgehängt? Wer Anderer als ich hat's Recht dazu? — So lang' er (auf das Kreuz weisend) g'lebt hat, hat er von keiner Dirn' a Blümerl ang'nommen, sich von keiner ein' Buschen auf 'n Hut stecken lassen, als von mir — und jetzt, weil er's nit mehr abwehren kann, wollt' ihm a And're so a Lieb'szeichen aufdringen?! I leid's nit! — Mein allein is er im Tod, wie er mein allein im Leben war! I laß keiner Andern a Recht auf die Stell'! — Weg mit dem Kranz! (Macht eine heftige Bewegung, um den Kranz von dem Kreuze wegzureißen, hält aber, sich besinnend, wieder inne; welcher.) Nein! — nein! — War ich doch niemals eifersüchtig, so lang' er g'lebt hat, und jetzt soll ich's werden, weil wer dem Todten sei' Lieb' b'weist? — Wer's auch sein mag, der das Kranzl daher g'hängt hat, 's ist mit gutem Willen g'scheh'n und den muß ich ehren! 's ist ja noch alleweil Platz g'nug für mein'n Kranz! (Geht zum Kreuze und hängt den mitgebrachten Kranz ebenfalls an dasselbe, mit hervorbrechenden Thränen.) Da — da — mein lieber Gotthard! dein Bindband — zu dein'm Geburtstag! (Sinkt in die Knie und faltet die Hände zum Gebete.)

Zweite Scene.

Gilli, Rampinger, Sepp.

Sepp (eine Axt auf der Schulter, über deren Stiel seine Joppen hängt, tritt zuerst raschen Schrittes vom Vordergrunde links auf).

Ramp. (ein alter Mann, eine hölzerne Tabakspfeife im Munde und einen Bergstock in der Hand, folgt ihm). Na — na! Sepp! renn' nit gar a so! Denk', daß ich keine fünfundzwanzigjährigen Füß' hab', wie Du!

Sepp. A was! Wann's da (gegen die Berghöhe weisend) hinauf geht, mein' ich, brauchet ich gar keine Füß' — 's zieht mich völlig was 'nauf!

Ramp. (lächelnd). Kenn's! War mir ja ah amal so! 's ist freilich schon lange her, seit ich um mei' Gertrud g'freit hab' — aber wann ich daz'mal auf d'Alm g'stiegen bin, und schon von weitem ihren Jodler g'hört hab';

Sepp. Ja, da hast wohl mit ein' Juchezer g'antwort't, und sie ist Dir auf'm halben Weg entgegenkommen —?

Ramp. (in froher Rückerinnerung). Ja, ja, so war's!

Sepp (finster vor sich hinsehend). Aber bei mir ist's nit a so! Mich grüßt ka G'sang, und wann ich 'naufkomm', ka freundlicher Blick, und (wie verzweiflend) doch — doch kann ich's nit lassen!

Ramp. (tröstend). Na, na! — Du als Holzhaudler sollst doch am besten wissen, daß auf Ein' Schlag kein Baum fallt.

Sepp. Auf Ein'n Schlag? Hab' ich epper erst einmal ein'n Anwurf g'macht? Seit fünf Jahr' vergeht ka Wochen und ka Tag, wo ich ihr nit sag' und zeig', daß sie mein Alles ist; aber ihr Herz is wie ein Eiszapfen auf ein'm hohen Feuer — wie heiß 's aa is 's d'rauf scheint — es lauht nie auf!

Ramp. Was der Lieb' nit g'lingt, g'lingt vielleicht der g'sunden Vernunft: — d'rum will ich heut' einmal ein ernsthaftes Wort mit ihr reden! — Also steigen wir n'auf zu ihrer Hütten — aber schön stad! sonst hab' ich oben kein Athem mehr zum Reden! (Wendet sich gegen die Schlucht und erblickt Gilli, überrascht stehen bleibend.) Ah — da! (mit einer Hand Sepps Hand erfassend und mit der andern auf Gilli weisend, mit gedämpfter Stimme) da — schau nur!

Sepp (ebenfalls mit gepreßter Stimme). Die Gilli!

Ramp. Na siehst! — heut' ist's Dir doch auf halbem Weg entgegenkommen!

Sepp (mit finsterem Groll). Mir? Du siehst ja, wen's heimg'sucht hat!

Ramp. (verstimmt). Das muß ein End' haben! (Ruft laut, im Tone des Vorwurfs.) Gilli!

Gilli (wendet den Kopf zuerst nach Rampinger um, dann wieder gegen das Kreuz, bekreuzt Stirne, Mund und Brust und erhebt sich hierauf). Du bist's, Vetter!

Ramp. Ja, ich hab' Dich oben in deiner Sennhütten aufsuchen wollen und treff' Dich da! — Ist das a Zeit, wo man von der Alm weggeht und 's Vieh allein laßt, g'rad jetzt, wo's am weitesten geht und Futter sucht?

Gilli. Hab' ka Sorg'! Ich laß d' Küh' über Nacht nit mehr im Freien, sie sein schon alle im Stall' —

Ramp. Aber was thut denn schon wieder herunten in der Klamm?

Gilli (einen traurigen Blick auf das Kreuz zurückrichtend). Vetter, heut' war dem Gotthard sein Geburtstag!

Ramp. (etwas begütigt). Na, 's ist schon recht, wenn man den Todten ein' Ehr' erweist, aber man darf dabei auf's Leben nit vergessen!

Gilli. Was willst damit sagen?

Ramp. Daß b' einmal g'scheit sein sollst, Gilli! Das ewige G'flenn macht den Todten nit wieder lebendig und Du versitzst Dich drüber! Das muß anders werden!

Gilli (ihn ansehend). Wie anders?

Ramp. Hör' mich an! — Du weißt, daß ich deiner Mutter, meiner Schwester, wie's schon im Sterben g'legen ist, versprochen hab', daß ich Dich zu mir nehmen und halten will wie ein eigenes Kind.

Gilli (seine Hand mit ihren beiden Händen fassend). Und das hast redlich g'halten! Vergelt' Dir 's Gott tausendmal!

Ramp. Der liebe Gott kann mir's nur dadurch vergelten, daß ich's noch erleb', Dich glücklich versorgt zu sehen!

Gilli (traurig den Kopf schüttelnd). Glücklich? — mich?!

Ramp. Schau — ich hab' bein' Herzen nie ein' Zwang authan! — Mei Willen wär's immer g'wesen, daß b' ein braven Bauer nehmest, aber Dich hat 's zu dem Jäger hinzog'n — na, er war a braver Bursch, der Gotthard, und ich hab' nichts dagegen g'habt, b' Hochzeit war schon vor der Thür, da macht er, der doch auf unsern Bergen so daheim war, daß er blinder alle Weg' und Steg' troffen hätt', einmal doch ein' Fehltritt, fallt da über b' hohe Wand herunter und bricht sich 's G'nack!

Gilli (macht eine heftige, verneinende Bewegung und sieht starr vor sich hin).

Ramp. (fortfahrend). Daß b' über ihn trauert hast, war ganz in der Ordnung — aber sogar a Wittwe trauert nicht länger als a Jahr, bei Dir will's aber gar kein End' nehmen, das ist ein Unsinn, und fast sündhaft; auch über ein Unglück muß man sich mit der Zeit trösten!

Gilli. Ja, über ein Unglück kann und muß man sich trösten, denn man muß sich denken: »Gott hat 's so wollen!« — aber das (mit ausgestreckter Hand nach dem Kreuze deutend) das war nit Gottes Willen — das war mehr — war schrecklicher als ein Unglück!

Ramp. (sie erstaunt ansehend). Was meinst mit der Red'?

Gilli. Ja — ich will Dir 's sagen, Vetter, was ich davon halt, damit'st begreifst, daß ich was Anders als ein'n leidigen Trost suchen muß!

Ramp. Was Anders? — Und das wär' — ?

Gilli (mit beinahe wildem Feuer) Rach' such' ich — Rach' an dem, der Schuld ist an Gotthard sein' Tod!

Sepp (zusammenfahrend, heftig). Was sagst? — Du glaubst — ? Dirn'! bist narrisch?

Gilli (die geballte Faust gegen ihre Stirn drückend). Ja, ich fürcht' beinah', daß ich's noch werd' über den Gedanken!

Sepp. Aber hab'n denn nicht die G'richts-

1*

ärzt' die Leich' untersucht? Haben's nit alle
g'funden, daß er im Sturz vom hohen
Felsen sich 's Ruckgrat und 's Gnack brochen hat?

Cilli. Ja — ja — das ist im Sturz
g'schehen, aber was ist Ursach', daß er g'stürzt
ist? Sei Unj'schick nit, denn der Weg droben
ist breit genug, und oft is 'r 'n gangen,
aber ich hab', wie's mich zu seiner Bahr'
zulassen haben, gleich dahier (auf die Schläfe
weisend) a blutroth's Fleckel bemerkt, nit grö-
ßer als a Silbergroschen, ich hab' den Arzt
d'rauf aufmerksam g'macht, der aber hat
g'meint, das käm von ein' Fall auf ein'
zackigen Stein, aber mir hat's schon damals
nit aus'n Sinn wollen, daß das a Wund-
mal von an Schlagring ist, wie ihn uns're
Burschen fast alle tragen — daß er also
vor sein End' g'rungen haben muß, von so
ein Schlag damisch wor'n, und so (zusammenschaudernd) herunterg'stürzt ist!

Sepp. So legst Du Dir's aus! —
Aber wer sagt Dir, daß's wirklich so wär'?

Cilli (gegen das Kreuz weisend). Er
selber!

Ramp. (erschreckt). Er — der Gotthard?

Sepp (erbebend). Der Todte —?! (zugleich)

Cilli. Ja, nachdem's ihn begraben
haben, ist mir drei Nächt' nacheinander
im Traum erschienen — die Stirn' voll
Blut und d'Händ bittend nach mir ausgestreckt, als ob er sagen wollt': »Hilf Du
mir, daß ich Ruh' find' in mein'm Grab!«
Denn das wißt's ja, daß d'Seel' von ein'm
Ermord'ten nit los kann von der Erden,
bis sein' Mörder die g'rechte Straf' ereilt hat!

Ramp. (für sich). Mir schauert völlig
d'Haut, wenn ich so was hör' — aber ich
darf ihr's nit merken lassen! (Laut zu Cilli.)
Schau, Cilli! Das sein so wüste Bilder, die
Dir vor d'Augen kommen, weil'st ewig den
Gedanken nachhängst — ewig allein droben
bist in deiner Hütten — das wird aufhören, wann D'nit mehr allein bist und
d'rum wär's g'rad' gut, wenn Du Dich
veränderst.

Cilli (anfänglich nicht begreifend). Wann
ich mich verändert?

Ramp. Ja — kurz und gut — Du
sollst heiraten! — Das will ich, und
deswegen sein wir da — ich und der
Sepp

Cilli (rasch einen finstern Blick auf Sepp
werfend). Der — Sepp?!

Sepp. Ja, Cilli! — ich mein', z'sagen
brauch' ich Dir's nit erst, daß ich Dich schon
lang' — lang' lieb hab'.

Cilli (ihm starr in die Augen sehend). Ja
— Du — g'rad' Du bist mir schon damals
nachgangen, wie der Gotthard um mich
g'worben hat! — Du hast nir nachlassen,
wie er schon mein Bräutigam war — Dir
— g'rad' Dir ist er wohl am meisten im
Weg g'standen. —

Sepp (erschreckt einen Schritt zurücktretend)
Cilli! — was für a Verdacht —?!

Cilli (eilt auf ihn zu, faßt ihn krampfhaft
am Arme und zieht ihn näher gegen das Kreuz).
Komm' daher!

Sepp (ihr nur mit Widerstreben folgend).
Was — was willst von mir?!

Cilli. Du — an der Stell' schwör'
mir, daß Du unschuldig bist an sein' End'!

Sepp (zögernd). Du — verlangst —?

Cilli (drohend — beinahe wild). Schwör',
sag' ich — wenn Du's kannst!

Sepp (das Gesicht vom Kreuze abgewandt,
mit Trotz). Ja — ich kann's! (Die Hand
zum Schwur erhebend.) Und so — schwör'
ich Dir — so wahr mir Gott helfen soll,
daß ich an dem Tag', an dem das Unglück
g'schehen ist, den Gotthard mit kein'm Aug'
g'seh'n hab'. (Die erhobene Hand sinken las-
send, gleichsam erschöpft.) Glaubst mir's jetzt?

Cilli (mit gesenktem Haupte). Ich muß's
glauben.

Ramp. (zu Cilli). Und bitt'st den Sepp
um Verzeihen, daß D'nur so ein'n Gedanken
in Dir hast aufkommen lassen und laßt ihn
hoffen, daß'st'n doch noch nehmen wirst?

Cilli (wieder heftig). Nein! Ihn nicht
und kein'n Andern auch nicht! Ich bin und
bleib' dem (auf's Kreuz weisend) sei' Braut —

ich hab' ihm's g'lobt an sein'm Grab'! — Lieben kann ich gar kein'n Mann mehr — das ist gar nicht mehr in mir — und wann ich mich ja ein'n zu eigen gebet, so war's kein and'rer, als der, der mir den finden helfet, der schuldig ist an all' mein Leiden! — So — jetzt weißt's, woran's seid's — und jetzt laßt's mich fort! (Reicht Rampinger die Hand.) B'hüt' Gott, Vetter.

Ramp. So bleib' doch noch —

Cilli. Nein, nein! Die Nacht bricht ein — ich hab' ein'n weiten Weg bis zu meiner Hütten, durch den Wald hinauf — und in dem Wald wird's gar schaurig, wenn's einmal dunkel wird! — Da raschelt's in die Zweig' — da hört man's stöhnen — da sieht man G'stalten. (Irren Blickes gegen die Baumgruppe sehend.) Ha! — Hört's es — seht's es? — Dort — und dort — 's fangt schon an sich z'rühren und sein Wesen z'treiben! Laßt's mich fort! Fort! (Eilt durch die Schlucht im Hintergrunde ab.) (Rampinger und Sepp sind durch Cilli's letzte Reden auch von Schauer erfaßt worden und sehen ängstlich gegen die Baumgruppen.)

Ramp. Was hat's denn?

Sepp. Meiner Seel'! — Mir ist wirklich, als ob ich dort (gegen links weisend) was rascheln höret —

Ramp. (ebenfalls horchend). Ja — hast Recht! Und das ist nicht der Wind! 's ist, als ob's die Aest' durchbrechet —

Sepp. Jetzt hör' ich deutlich Schritt — Stimmen —

Ramp. Und von daher? Warum gehn's nit auf'n gebahnten Weg?

Sepp. 's sein vielleicht Wilderer oder Holzdieb, warten wir's ab! (Hält die Axt zum Angriffe bereit.)

Dritte Scene.

Vorige. Martin.

Martin (einen Jagdstutzen in der Hand tragend, kommt zuerst in gebückter Haltung und vorsichtig um sich spähend aus dem Gesträuppe

links — tritt, die Anwesenden bemerkend, rasch wieder hinter einen Baumstamm zurück, für sich). Ha! Dort seh' ich was! (Er hält den Stutzen schußfertig und ruft laut.) Halt! — Wer's auch seid's, bleibt's steh'n und gebt's Antwort, oder ich schieß!

Ramp. (zu Sepp) Die Stimm' —! Das ist ja — (ruft laut) Martin!

Martin (ihn ebenfalls erkennend und den Stutzen absetzend, eilt vorwärts). Ah! Du bist's! Gut, daß wir Dich treffen, bist schon g'sucht worden im Haus!

Ramp. (verwundert). Ich? — G'sucht? Von wem? — Und was machst Du da? — Mit dem Stutzen in der Hand! — Bub'! Du verlegst Dich doch nicht auf d'Jagd?

Martin. Heut' schon! — Heut' schon! Aber 's wird schir a Jagd, wo man nit weiß, ob man der Jäger oder selber 's g'hetzte Wild wird.

Ramp. Was willst damit sagen?

Martin. Wirst gleich hören! (Wieder gegen die linke Seite weisend.) Da kommen die Andern auch schon!

Ramp. und Sepp. Die Andern —!

Vierte Scene.

Vorige. Herr v. Arthausen. Birkmann. Jäger. Mehrere Bauern und Bauernburschen. (Theils mit Stutzen, theils mit Aexten und Säbeln bewaffnet.)

Martin (den Kommenden zurufend). Nur näher, g'strenger Herr! ich hab' a Par g'funden, die wir suchen!

Arth. (ein stattlicher Mann in gewöhnlicher Tiroler Jagdkleidung, die Büchse in der Hand und den Hirschfänger an der Seite, tritt weiter vor). Wer ist's?

Birkm. und die Uebrigen (folgen).

Ramp. (immer mehr erstaunt). Ja der g'strenge Herr vom Schloß Arthausen! — Was führt denn Dich her?

Arth. Was meine Pflicht ist als Tiroler Herr und Bauer, und als Schützenhauptmann, wenn eine Gefahr droht!

6

Ramp. und Sepp. A G'fahr?!

Arth. Ja! — hört mich an! — Ich hab' heut' Kund' erhalten, daß eine freche Trupp' von Wälischen über die Grenz' herübergebrungen ist — dort ist wohl die Masse von Militär und Bauern bald geschlagen und zurückgeworfen worden, aber ein Theil von dem versprengten Banditengesindel hat sich in den Wäldern wieder gesammelt, soll sich bis gegen uns're Berg durchgeschlichen und wo sie in ein unbewachtes Ort kommen sind, Raub und Diebstahl verübt haben!

Ramp. (die Faust ballend). Die Sakra! — wann die zu uns kommen —!

Arth. Wollen wir bereit sein, sie gehörig zu empfangen! Ich hab' deshalb gleich Nachricht in die Dörfer auf den Bergen und in den Thälern geschickt — eine brave Schaar hat sich schon um mich gesammelt, und für die heutige Nacht hab' ich meinen Plan bereits gemacht!

Ramp. Und Dir gehorchen wir Alle in Allem, und ich vor Allem! Sag' mir nur, was ich thun soll!

Arth. Zur eigentlichen Kampfbereitschaft sind die jungen Leute — ein Mann von deinem Alter —

Ramp. (fast beleidigt). Der soll vielleicht z'Haus bleiben und sich unter die Federtuchet verkriechen?

Arth. Furcht wird Dir Niemand zumuthen — wir wissen ja Alle, daß Du schon im Neunerjahr mit dem Sandwirth gegen die Franzosen ausgezogen bist, aber jetzt bei deinen Jahren —

Ramp. Was Jahr?! — Mein festen Siebziger hab' ich wohl schon am Buckel, aber gib' mir ein' Stutzen in d'Hand, und schau', ob's noch zittert, und ob ich's nicht noch mit ein' zwanzigjährigen Buben aufnehm'!

Arth. (ihm die Hand auf die Schulter legend). Na, so bleib' bei uns, und da (nimmt einem Jäger einen Stutzen ab und gibt ihn Ramplinger) hast, was Dich jung macht — an Pulver und Kugeln soll's auch keinen Mangel haben!

Ramp. (den Stutzen erfassend, ganz feurig). Vergelt's Gott' — Jetzt bin ich ganz! — Und jetzt sag': wohin soll ich?

Arth. Ruhig! ruhig! — Vor der Hand hab' ich hier diese rings von Bergen eingeschlossene Klamm zu unserm Sammelplatz und Lager bestimmt (gegen links weisend). Dort haben wir in allen Schluchten — auf allen Höhen weit hinaus unsre Posten gestellt.

Ramp. (gegen rechts weisend). Also geh' ich gegen die Richtung —

Arth. Ist auch schon besorgt! Ich hab' vom Schloß aus auch einen Theil der Schützen gegen rechts ausgeschickt, daß sie über den Tannbühel gehen und hier mit uns zusammentreffen sollten.

Ramp. (verdrüßlich). Herrgott! so gibt's für den Anfang gar kein' Arbeit für mich?

Arth. Wer weiß, ob nicht schon die nächste Stund' uns zu was Ernstem ruft! — Jetzt laßt uns hier unser Lager aufschlagen! (Zu den Burschen) Schafft Reisig und Holz herbei und laßt ein lustiges Wachfeuer auflodern, an das wollen wir uns setzen, die Feldflasche kreisen lassen und bei trautem Gespräch und heitern Liedern die Nacht hinbringen!

Einige Burschen (entfernen sich, kommen aber bald wieder mit Aesten und Tannenreisern zurück und machen in der Mitte der Bühne Feuer).

Ramp. (zu Sepp). Na, Sepp, was sagst denn Du zu denen Neuigkeiten?

Sepp. (welcher auf seine Axt gestützt finster vor sich hingesehen, auffahrend). Ich? — O — mir ist's recht! — Ich bin just in der Laun, so ein' wälischen Hund den Schädel einzuschlagen! wenn's nur bald losging'!

Arth. Ich kenn' Einen, der nichts weniger als das wünscht!

Ramp. Der muß mit von unserm Blut sein! —

Arth. Doch! — doch. 's ist ein Neffe von mir, der Sohn meiner Schwester, die schon vor 25 Jahren nach Wien geheiratet hat. Der junge Mensch hat viel von der Romantik unseres Landes gehört, und will deswegen ein paar Monate bei mir zubringen! Nun ist er gerade heute angekommen.

Ramp. Und da läßt Du ihn wohl gleich mitthun?

Arth. Freilich! Will er die Tiroler recht kennen lernen, so muß er unter ihnen sein, wenn's gilt, ihr Land, ihr Haus und ihren Herd zu vertheidigen! Ha, ha, ha! Der Junge ist wohl etwas käsig im Gesicht worden — hat aber nichts genützt! — er hat sich den Streifern anschließen müssen und (horcht gegen die Seite rechts.) Ha! Da hör ich's schon den Hügel herabkommen! (Ruft.) Halloh! — daher!

Rufe (antworten von rechts hinter der Scene). Ho! Hollahoh!

Fünfte Scene.

Vorige. Cajetan v. Zappelfeld. Peter. Mehre anderer Bauernburschen (mit Stutzen bewaffnet).

Peter (tritt zuerst aus dem Gebüsche rechts, den ihm Folgenden zurufend). Da sein schon die Unsrigen! Kommt nur herunter!

Cajetan (in einem eleganten Jagdcostume ängstlich sich an den Arm eines Bauernburschen anklammernd. tritt ebenfalls von rechts auf).

Andere Burschen (folgen).

Cajetan (Arthauser erblickend). Ah! da ist ja der Herr Onkel! — Gott sei Dank!

Arth. Nun — seid Ihr auf etwas gestoßen?

Cajetan. O ja — Onkel! — Alle Augenblicke auf einen Felsblock oder eine Baumwurzel! Nehmen Sie's nicht ungütig — aber die Wege in diesem Lande sind in einem schauerlichen Zustande!

Arth. (lachend). Nun, mit Kies sind die Bergwege freilich nicht bestreut.

Cajetan. Man könnte sie aber doch mit Asphalt pflastern, und die Bäume etwas beschneiden lassen.

Ramp. Ha, ha, ha! — Die Waldbäume b'schneiden! Nein, nein!

Cajetan. Und finster ist's in dem Tirol — finster!

Ramp. Na, bei Nacht wird's wohl auf der ganzen Welt finster sein!

Cajetan. Oho! anderwärts hat man Gas!

Ramp. Na, Gas haben wir ah, mehr als g'nug!

Cajetan. Warum brennt man 's denn nicht?

Ramp. Was? Wir sollen unsre Gas verbrennen? (Zu den Uebrigen etwas leiser.) Aus was für ein' Narrenthum kommt denn der?

Arth. (leise zu Cajetan). Ich bitte Dich, schweige! Die Leute lachen Dich aus!

Cajetan. Lachen? — Die Leute können noch lachen? in der Situation? wo wir vielleicht in der nächsten Minute einer feindlichen Armee gegenüberstehen?

Arth. Was Armee?! So ein Haufe von Abenteurern, über den werfen wir uns

Cajetan. Ja — wir uns! Wenn sie aber uns über den Haufen werfen?

Arth. Daran denkt kein Tiroler! Sieh' Dir einmal die Leute an! Gerade die Gefahr macht sie fröhlich und guter Dinge! (Zu den Bauern.) Nicht wahr, Landsleut'?

Martin. Ja, wir geh'n lieber zum Schießen als zum Tanz!

Cajetan. Ja, schießen macht mir auch nichts, so lang' nur ich schieße — wenn aber der Feind auch schießt —! und gar mit Kugeln —!

Ramp. Ah was! Wann 's nit anders ist, muß man auch einer Kugel ruhig d' Brust entgegenhalten können! Da könnt' ich Euch ein Liedl aus alter Zeit singen —

Alle. Ja, ja! sing'l

Ramp. Na, so setzt Euch an's Feuer, und ich will Euch a Lied singen, was nie vergessen werden wird, so lang ein Tiroler auf der Welt ist! Stimmt's nur mit ein!

Alle. Ja, ja! fang' nur an!

Arthausen, Cajetan und mehrere Bauern (lagern sich um's Wachtfeuer).

Die jüngern Bursche (stellen sich im Halbkreis um Rampinger).

Rampinger (singt das folgende):

Lied mit Chor.

Zu Mantua in Banden
Andreas Hofer war
Zu Mantua, zu Tode
Führt ihn der Feinde Schaar,
Es blutete der Brüder Herz,
Ganz Deutschland auch in Schmach und Schmerz,
Mit ihm das Land Tirol!

Chor.

Mit ihm das Land Tirol!

Dem Tambour will der Wirbel
Nicht unterm Schlägel vor,
Als nun Andreas Hofer
Schritt durch das finst're Thor,
Andreas, noch in Ketten frei,
So stand er dort auf der Bastei,
Der Mann vom Land Tirol!

Chor.

Der Mann vom Land Tirol!

Dort sollt' er niederknien,
Er sagt: »Das thu' ich nit!
Will sterben wie ich stehe,
Will sterben wie ich stritt,
Laßt stehen mich auf dieser Schanz'!
Es leb' mein guter Kaiser Franz,
Ihm bleib' das Land Tirol!«

Chor.

Ihm bleib' das Land Tirol.

Und von der Hand die Binde
Nimmt ihm der Corporal,
Andreas Hofer betet
Allhier zum letzten Mal, .

Dann ruft er: »Nun so trefft mich recht!
Gebt Feuer! — ach, wie schießt Ihr schlecht!
Ade, mein Land Tirol!«

Chor.

Ade, mein Land Tirol!

(Man hört unmittelbar nach dem Liede von der linken Seite her in einiger Entfernung einen Schuß fallen.)

Die Sitzenden (fahren rasch in die Höhe). Alle (in Aufregung). Was war das?!

Cajetan (in Todesangst). Sie schießen! Eine ganze Batterie ist losgegangen! (Zu Rampinger.) Das habt Ihr von eurem lauten Singen! Der Feind hat's gehört! (Zu Arthausen.) Onkel! ich will nach Hause! (Zu einigen Burschen.) Um Gotteswillen! gebt mir sicheres Geleite! (Es fallen noch einige Schüsse. Cajetan auf's Neue zusammenbebend, gegen die linke Seite rufend.) Nicht! — Aufhören! — 's könnt' ein Unglück g'schehen! (Zu Arthausen mit aufgehobenen Händen.) Onkel! um aller Barmherzigkeit willen!

Sepp (gegen links weisend). Dort ist's losgangen!

Ramp. Dorthin müssen wir!

Alle Uebrigen. Ja, ja, dorthin! (Wollen nach links abeilen.)

Arthausen (mit starker Stimme). Halt! stehen geblieben!

Die Bauern (gehorchen).

Ramp. (murrend). Steh'n bleiben? Wenn dort g'schossen wird?

Cajetan. Nein! Ich bin auch nicht für's Stehenbleiben! — Laufen! — aber dorthin! (Gegen rechts weisend.)

Arth. Ruhig! — Wer weiß, ob nicht ein Scheinangriff uns dorthin locken soll, damit an einem andern Orte der Feind unbewachte Wege finde! — Horcht! — 's ist wieder Alles stille!

Cajetan. Still? — Mir summt der ganze Kopf!

Arth. Uns're Posten wissen, daß wir hier sind, ich habe befohlen, daß, was sich immer ereignen möge, sogleich ein Bote hieher — (gegen links sehend) und — da — seht —!

Mehrere Burschen (ebenfalls gegen links sehend). Ah — das ist der Ruprecht!

Sechste Scene.

Vorige. Ruprecht.

Rupr. (die Büchse in der Hand, kommt fast athemlos von links herbeigeeilt).

Alle (ihm entgegeneilend und ihn wirr durcheinander mit Fragen bestürmend). Was hat's geben? — Ist's losgegangen? — Sein Ihrer viel? — Red'! red'!

Rupr. (sich ihrer mit Mühe erwehrend). Laßt's mich doch! Laßt's mich! — Wo ist der Herr?

Arth. Hier bin ich! — Bericht' schnell! — Sind sie im Anzug'?

Rupr. Laß' Dir sagen! Ich und der Rieder Thomas — wir sein am äußersten Waldend' g'standen, von wo die Bergwiesen gegen das Straßel hinuntergeht · auf einmal sehen wir — 's ist g'rad der Mond aus'n Wolken treten — den Fußsteig herauf a G'stalt —

Cajetan. Gott! eine Gestalt! schauerlich!

Rupr. 's war ein Mann mit ein' Bünkel auf'm Buckel — wir rufen ihn immer, er stutzt —

Cajetan. Also war's ein Stutzer!

Rupr. Gibt aber kein' Antwort! Wir rufen nochmal und drohen Feuer z'geb'n — da kehrt er um, und rennt trotz seiner Last — der Thomas schießt, und muß ihn troffen haben, denn er hat torkelt — rafft sich aber doch z'samm und setzt über'n Graben in den Föhrenwald, der sich an den Berg (gegen die Höhe im Hintergrund weisend) lahnt! A paar And're von uns sein nach, um ihn z'verfolgen — ich aber bin daher —

Arth. Der Mann war entweder ein Schmuggler oder ein Kundschafter, den sie vorausgeschickt haben, um das Terrain zu erforschen!

Rupr. Und ich — ich glaub', 's ist Einer, der in unserer Gegend ohnehin bekannt ist!

Arth. Was sagst —?

Rupr. Ja — ich werd' mich nicht irren — nach seiner G'stalt ist's der Nämliche, den ich schon heut Fruh g'sehen hab'!

Alle. Heut Fruh? — wo? — wo?

Rupr. Grad dahier — in der Klamm!

Arth. Erzähl' — erzähl' genau Alles!

Rupr. Ich bin heut' Fruh mit einer Fuhr Bäum' hinein in die Schneidmühl' — auf der Höh' hab' ich meine Roß a bißl ausschnaufen lassen, und wollt' da herunter, um für mei' Dirn' ein' Buschen z'brocken — wie ich daher komm', seh' ich ein' fremden Burschen — er war nit so anzogen wie wir Tiroler — da bei dem Kreuz knien —

Sepp (aufmerksam werdend). Da bei dem Kreuz?!

Rupr. Ein Bünkel ist neben ihm g'legen, er hat aber d'Händ' zum Beten z'samm g'faßt, sein' Kopf auf d'Brust g'senkt und oft laut aufg'seufzt!

Sepp (gespannt). Weiter! weiter!

Rupr. Ich schau' ihm a Weil zu — da steht er auf — reißt vom Strauchwerk a paar Rütheln ab, windt's zu ein' Kranz z'samm, und hängt's über das Bild an dem Kreuz —

Mehrere Burschen (gehen zum Kreuz, auf den Kranz weisend). Richtig! richtig! — da hängt's noch!

Rupr. D'rauf hat er sein Bünkel aufg'nommen und wollt' fort — erschrickt aber völlig, wie er mich ersieht, ich aber sag': »Gelobt sei Jesus Christus!« und er antwort, aber grad' so wie Tiroler reden: »In Ewigkeit!« Ich frag': »Hast Du den kennt, der dort begraben liegt?« — Da schaut er mich mit ein' Blick an, den ich Euch gar nit b'schreiben kann — »Ob ich ihn kennt hab'!« schreit er — und »B'hüt Gott! b'hüt Gott!« sagt er, und — weg war er a schon!

Sepp (sich vergessend und aufschreiend). Ha!
— der Volker-Hans!

Alle (verwundert). Der Volker-Hans?
— Wer ist der?

Sepp (sich nur mühsam beherrschend).
Wißt's denn nit, der hübsche, starke Bursch,
der vor a fünf Jahren beim Roßkamm
unten im Dienst war —

Martin und Andres (gleichsam sich besinnend). Ja — ja — der Hans, der mit
dem schwarzen Schnauzbart —

Sepp. Der ist damals auf einmal aus
unserer Gegend verschwunden g'wesen —
ka Mensch hat g'wußt, wo er hinkommen
wär' — aber der Valentin — der Fuhr-
mann hat später erzählt, daß er ihn drüben
im Wällischen troffen hätt' —

Ramp. Aber wie käm' denn der dazu,
daß er da an dem Kreuz betet, und — ·—

Sepp (Rampinger's Hand fassend). Erin-
nert's Euch nicht mehr, was für ein' Verdacht
die Cilli g'rad vorher geäußert hat?

Ramp. Und er sollt' g'rad den Volker-
Hans treffen? Was fällt Dir ein!

Sepp. Mir fällt ein, daß er vor fünf
Jahren, bald darauf, nachdem der Gotthard
todter g'funden worden ist — von hier fort
ist —

Ramp. Hm! wann's so wär' —

Sepp. Es ist so! glaub' mir's! Er ist
zu die Wällischen hinüber und jetzt dient er
ihnen (absichtlich laut) als Spion gegen sein
eig'nes Vaterland!

Arth. Ja, wenn der Bursch' heut' Früh'
schon hier war, und sich bis Abends in den
Wäldern herumgetrieben hat, so ist er auch
nichts Anderes, als ein Spion!

Rupr. Und den müssen wir kriegen —
todt oder lebendig!

Arth. (zu Ruprecht). Gegen diese Höhe
(gegen den Hintergrund weisend), sagst Du, hat
er sich geflüchtet?

Rupr. Ja wohl — und von der Seite
(gegen links weisend) sein's ihm auch schon
nach!

Arth. Er muß von allen Seiten förm-
lich eingekreist werden, damit ihm kein
Ausweg bleibt! Wir müssen uns vertheilen —

Cajetan. Ich soll mich vertheilen? —
Aber, Onkel!

Arth. (zu Sepp und einigen Andern). Ihr
umgebt den Kogel von der Seite — (gegen
rechts weisend; zu Andern) wir gehen von hier
durch die Schlucht (gegen die Schlucht und
die Felswand weisend), so bilden wir immer
engere Kreise gegen die Gipfel hinan —
da kann er nicht entkommen!

Sepp. Mir g'wiß nit! (Zu Rampinger
leise.) Ich muß ihn kriegen — auf die Art
will ich mir die Cilli verdienen! (Zu einigen
Burschen.) Kommt's! kommt's! — nur mir
nach! (Geht mit den Burschen nach rechts ab.)

Arth. (zu den Uebrigen). Wir geh'n da
hinauf!

Ramp. Laß' nur mich voran! Ich kenn'
da alle Steig' — 's geht ja da zu meiner
Alpenwirthschaft hinauf! (Zu den Burschen.)
Weiter oben werd' ich Euch schon vertheilen!
(Ab mit den Andern durch die Schlucht.)

Arth. (zu Cajetan). Komm' mit mir!

Cajetan. Nach Haus?

Arth. Was fällt Dir ein? Dort hinauf!

Cajetan. Nein, Onkel! bedenken Sie,
ich bin Ihr Neven — der Sohn Ihrer
Schwester, Ihr nächster Blutsverwandter,
— Sie werden mich nicht so steigen lassen!

Arth. Nun denn so geh' ich allein!
(Will fort)

Cajetan (sich an Arthausen's Rockschooß hän-
gend). Um Gottes willen! Onkel! Sie werden mich doch nicht hier in der schauerlichen
Wildniß zurücklassen?

Arth. So folge mir. (Geht gegen die
Schlucht.)

Cajetan. Onkel! Onkel!

Arth. (sich umsehend). Was ist's?

Cajetan. Ich fürchte mich, weil ich da
hinten allein gehen soll!

Arth. Nun so gehe voran!

Cajetan. Das eher! Warten Sie —
(Geht voran gegen die Schlucht.)

Arth. (folgt ihm).

Cajetan (wieder stehen bleibend). Onkel!

Arth. Was hast Du schon wieder?

Cajetan. Ich fürchte mich!

Arth. Warum?

Cajetan. Weil ich so allein vorausgehen muß!

Arth. Donnerwetter! hinten willst Du nicht gehen — voraus auch nicht — wo willst Du denn sonst gehen?

Cajetan. In der Mitte!

Arth. (unwillig). Hasenfuß! Soll ich mich deiner schämen müssen? (Stößt ihn vor sich hin.) Vorwärts!

Cajetan. Herr Onkel! Das hätte ich nicht erwartet!

Arth. Was denn?

Cajetan. In Tirol den Ruf »Vorwärts« zu hören! — Also in Gottes Namen vorwärts — aber nur besonnen! — (Hängt sich ängstlich an seinen Arm und Beide ab durch die Schlucht.)

Verwandlung.

(Das Innere einer Sennhütte mit einer Thür in der Mitte und einer Seitenthür rechts, ferner einer hölzernen Treppe, welche zu einer oben in der rechten Seitenwand befindlichen Bodenthür führt; links ein Herd, daneben ein Gestelle mit Kübeln, Töpfen und anderen Milchgeschirren. An der Hinterwand rechts ein Bett, im Vordergrund ein Tisch und einige Stühle. Neben der Thür am Hintergrunde ein Fenster, durch welches man auf die von dem Monde hellbeschienene Gebirgskette sieht. In der Hütte ist es anfänglich ganz dunkel.)

Siebente Scene.

Sabine (allein).

(Sie tritt, eine Stalllaterne mit brennender Kerze in der Hand tragend, aus der Seitenthür, stellt die Laterne auf den Tisch und singt:)

Lied.

Ich hab' einmal g'hört von ein'm hochg'lahrten Herrn,
Daß Mandeln und Weibeln unter'n Bluemerln auch wär'n,
Und daß d'rum jed's Bluemerl, wie a Dirndl ac'rat,
Zur Zeit, wenn's recht aufblüht, verliebt sein auch that!

A Blueml -- und verliebt sein! — O mein Gott — o mein!
So a Lieb' müßt' — so denk' i — doch recht traurig sein!
Ein Blueml wachst da — und zehn Schritt weit sei' Schatz,
Und wann's zu einand' woll'n, so kann kein's vom Platz'!

O Herrgott! ich dank' Dir mit recht frommem Sinn,
Daß ich ein echt's Mad'l und ka Blueml nit bin,
Denn d'Lieb' von die Bluemerl'n, die wär mir schon z'dumm,
Mei' Schatz muß bei mir sein, so oft ik sag: »Kumm!«

Und bin ich auf'n Berg' drob'n, und er tief im Thal',
Er krarelt doch auf'i des Tag's ein paar Mal,
Und ich, wann mei' Schatz in der neuen Welt wär' —
Ich ging', um bei ihm z'sein, gar z'Fuß über's Meer!

Ja, so ist's, und muß's sein — und sonst ist's kein' echte Lieb'. — Hinziehen muß's ein'n — und nit fortlassen muß's ein'n — und wann man schon g'gangen ist, muß man noch zehnmal umkehren, daß's a G'walt braucht, bis ein'm sich z'letzt doch losreißt! — Und nachgeh'n muß Ein's dem Andern von ein'm Waldend' zum andern! — Mei' Bua, der Ruppi, ist a ka Veigel-stock, der in ein'm Garten festg'wachsen ist, er ist eher mei' Vogel, denn wann er mich auf meiner Alm jodeln hört, so fliegt er völlig 'nauf zu mein' Nestel! — O Gott! Er wird heut' a schon losen   und ich bin gar nit in meiner Hütten, sondern da, in der Rampinger-Cilli ihrer — weil's mich ang'red't hat, daß ich, derweil sie fort ist, auf ihre Küh' schau — aber jetzt bleibt's so lang aus, und denkt nit d'ran, daß ein an-derer Mensch auch seine Angelegenheit hat!

Achte Scene.

Sabine. Cilli.

Cilli (tritt rasch durch die Mitte ein, und athmet erschöpft tief auf).

Sabine. Ah — Da bist endlich! — Hörst, lang g'nug bist ausblieben!

Cilli. Sei nir harb! Ich kann nir da-vor, mein Vetter und der Sepp haben mich aufg'halten!

Sabine. Der Sepp? (Neckend.) Schau! schau! — Na — nachher begreif' ich's!

Cilli (sehr ernst). Zieh' mich nicht auf! Spaß ist bei mir am unrechten Ort, und ich bin auch nicht aufg'legt dazu! (Legt ihren Hut auf den Tisch, setzt sich in einen Stuhl und stützt das Haupt in die Hand.)

Sabine. Na, ich hab' Dir ja nit weh' thun wollen! (Besorgt zu ihr tretend.) Aber was ist Dir denn? — die Brust fliegt ja völlig!

Cilli (sich mit der Hand über die Stirn' fahrend). 's ist nichts! — 's sein nur g'rad heut' wieder Gedanken in mir lebendig wor'n — Gedanken —

Sabine. Was für Gedanken?

Cilli. Frag' mich nit! Für Dich ist so was nit! — Geh' nur wieder in dei' Hütten z'ruck! — ich dank' Dir, daß D'mir den G'fallen erwiesen hast — aber jetzt geh nur! (Hält ihr die Hand hin.) Gute Nacht!

Sabine (befremdet) Du drängst mich ja heut' völlig fort? — Ist's Dir denn lieber, wann Du so ganz mutterseelen allein bist?

Cilli. Ja, — 's ist mir noch am wohl-sten so! — Und heut' schon gar! — Na — b'hüt' Gott! — Gute Nacht!

Sabine. Na, so b'hüt' Dich halt a Gott!
Ich geh'. — (Geht gegen die Mittelthür. bleibt aber plötzlich stehen, horchend.) Was ist das? —

Cilli. Was?

Sabine. Hörst nit? — Da draußen — Schritt'! — 's kommt gegen die Hüt-ten zu!

Cilli (erstaunt). Gegen mei Hütten?!

Sabine (wieder in neckendem Tone). Hast mich vielleicht nur deswegen weg haben wollen, weil's noch ein' B'such erwart'st?

Cilli (zurückweichend). Sabin' —!

Sabine. Na, na, na! — Was wär's denn? (Lachend.) 's kommt ja öfters auch was auf mei Hütten zu! — Wann's Dir nit recht ist, daß ich ihn seh', so geh' ich da (auf die Seitenthür weisend) durch'n Stall fort!

Cilli (sie rasch an der Hand zurückhaltend) Nein! — Du bleibst! — G'rad jetzt will ich's — Du sollst sehen — (Es wird an der Mittelthür gepocht.)

Cilli (beinahe rauh gegen die Mittelthür). Was klopft's? — Der Riegel ist noch nicht vor! — Herein, wann's ein ehrlicher Mensch ist!

Neunte Scene.

Vorige. — Cajetan.

Cajetan (öffnet sachte die Mittelthür und steckt zuerst nur den Kopf herein). Ehrlicher Mensch? — Ja — das bin ich! — Auf

Ehre! — wenn ich nur auch wüßte — entschuldigen — sind die Damen allein — ganz allein?

Cilli. Das siehst!

Sabine. Aber was steckst denn so zwischen Thür und Angel? — Bleib' ganz draußt, oder komm' ganz herein!

Cajetan (tritt vollends ein, sein Rock und seine Beinkleider sind zerrissen). Ganz kann ich gar nicht eintreten, denn ich bin (auf die beschädigten Stellen seines Anzuges weisend) sehr missanirt! Aber (sich in der Stube umsehend) wohin bin ich denn da eigentlich gerathen?

Sabine (ihn betrachtend). Was ist denn das für a G'stams? (Leise zu Cilli.) Na, Du! Der g'hört schon Dein!

Cilli (leise zu Sabine). Mach' keine Dummheiten! (Tritt zu Cajetan.) Red'! Wie kommst daher und was willst?

Cajetan (für sich). Sie sagt gleich »Du« zu mir! Ach! Das ist lieb! (Sieht ihr in's Gesicht.) Und das wunderhübsche Gesichtchen! (Will sie am Kinne fassen.)

Cilli (tritt beleidigt zurück und wirft ihm einen finstern Blick zu).

Cajetan (fast erschreckt zusammenfahrend). Herr Gott! Die feuert mich ja mit ihren Blicken völlig nieder!

Cilli. Na, werd' ich bald ein' Antwort kriegen? Wer bist? — Was führt Dich so spät herauf in b'Sennhütten?

Cajetan. Sennhütte? — Ach, Fräulein sind eine Sennerin? — Das ist ja gottvoll! (Für sich.) Jetzt fängt die Sache erst an etwas romantisch zu werden! (Wieder zu Cilli.) Ich hab' schon viel gelesen von Sennerinnen! Entschuldigen — Fräulein heißen wahrscheinlich Mimili?

Cilli (fast unwillig zu Sabine). Mir scheint bei dem rappelt's! (Zu Cajetan.) Ich bin ka Fräule!

Cajetan. O bitte — bei uns Wiener ist Alles »Fräulein«.

Sabine und Cilli (erstaunt). Du bist a Wiener?

Cajetan. Ja, ich (sich in die Brust werfend) bin eigens hieher gereist, um euer Land vor den Wälischen zu schützen!

Sabine. Du? — Ha ha ha! — Aber ja! 's kommen öfter Spatzen vorüber'flogen. Da brauchen wir so ein' — zum Schrecken!

Cajetan (gereizt zu Sabine). Hören Sie — solche Gebirgs=Bonmots verbiet' ich mir! Ich bin wirklich mit einer tapfern Schaar ausgezogen, aber im finstern Wald hab' ich meinen Herrn Onkel verloren, denken Sie sich meinen Schrecken! Ich — auf einmal mutterseelen allein! Zu schreien traut' ich mich nicht — ich wollte wieder vom Berge hinab — aber da gähnte ein schaurlicher Abgrund — wenigstens drei Fuß tief — zu meinen Füßen; — da dacht' ich mir, daß es doch jedenfalls besser ist, wenn ich auf den Berg hinauf falle, als vom Berg herunter und bin fortgestiegen! — Dazu gehört Courage! Sehen Sie nur meine Beinkleider an! (Zeigt auf die zerrissenen Stellen.)

Sabine. Ja, ja, dahin ist vermuthlich b'Courage gefallen!

Cajetan. Endlich sah ich ein Licht! — Es kam von Ihrem Fenster — ich eile b'rauf zu und jetzt — jetzt bringen Sie mich auch nicht fort, ehe die Sonne wieder am Himmel steht! Oh, nicht wahr? Sie werden nicht so grausam sein, mich wieder hinauszustoßen, den Raubthieren des Waldes zur Beute?

Sabine (zu Cilli). Ja, mußt schon ein Erbarmniß mit ihm haben! — 's könnt ihm ja leicht a Gasbock für a Hetschepetschstanden halten und ihn anbeißen! Laß'n bei Dir!

Cilli (ernst). Wann a Verirrter in einer Sennerhütten um a Nachtlager bitt', wird's ihm bei uns z'Land nie versagt!

Cajetan. Ach, das ist ja eine sehr wohlthätige Einrichtung! Von dieser muß ich den Gemeinderath in Wien benachrichtigen, damit er dort auch solche Sennhütten errichten lasse!

Sabine. Ja, gibt's denn in Wien auch so hohe Berg'?

Cajetan. Berge? — Nein, aber solche, die am Berg' stehen, ja! — Und Sie (zu Gilli) sind also die Vorsteherin dieses Wohlthätigkeits-Institutes?

Sabine (den Kopf schüttelnd). Was der z'sammplauscht! (Zu Gilli.) Na, Du — ich geh' jetzt nach meiner Hütten hinüber.

Cajetan. Aha! Erwarten Sie vielleicht auch Passagiere?

Sabine (zu Gilli). Die Zeit wird Dir nit lang werden, hast ja (auf Cajetan weisend) ein' recht g'spaßigen Hanswurstel da! — Na, b'hüt Gott miteinand'! (Geht durch die Mitte ab.)

Cajetan (ihr nachsehend, für sich). Eine gefällige Person — sie läßt uns allein! Die muß schon einmal bei einer eleganten Dame Stubenmädchen gewesen sein, denn sie weiß zu rechter Zeit zu gehen! (Laut, zu Gilli.) Also, mein Engel! Sie wollen mir ein Nachtlager geben?

Gilli. So gut, als ich's hab'! — Bett hab ich nur ein's. Du mußt also da droben auf'n Heuboden —

Cajetan (einen Satz zurückmachend). Auf dem Heuboden? — ich?!

Gilli. Kein' andern Platz hab ich nicht — wenn d' also dableiben willst —

Cajetan. Ja, dableiben will ich, aber ich möchte da bleiben — nicht auf dem Heuboden —

Gilli. Man schlaft recht gut droben! Mach' daß b' hinaufkommst — 's ist spät und ich will Ruh' haben!

Cajetan. Aber mir — mir wird es keine Ruh' lassen da oben, wenn ich Sie herunten weiß — es wird mich wieder magnetisch herabziehen —

Gilli. Dagegen gibt's a Mittel! — Komm' nur!

Cajetan. Ah! Sie werden mir wohl hinaufleuchten?

Gilli. Auf'n Heuboden geht man mit kein' Licht!

Cajetan. Nun, macht auch nichts! Führen Sie mich nur hinauf — ich werd' mich schon im Dunkel auch zurechtfinden!

Gilli. Na — geh' nur voran! (Auf die Treppe weisend.)

Cajetan. Bin so frei — aber nur schön nachkommen. (Steigt die Treppe hinan.)

Gilli (folgt ihm.)

Cajetan (sieht sich während des Hinaufsteigens nach Gilli um, für sich). Sie steigt mir wirklich nach — das kann sehr romantisch werden! (Oeffnet die Thür des Heubodens.) Wundervoll! Heuboden mit Mondbeleuchtung! (Tritt hinein.)

Gilli. So gute Nacht! (Schlägt die Thür zu und schiebt den Riegel vor.)

Cajetan (von innen an der Thür rüttelnd). Was soll das? — Mädchen! Wozu den Riegel vor!

Gilli (im Herabsteigen spöttisch). Damit D'mir nit g'stohlen wirst! Aber jetzt (mit befehlendem Ton) will ich Ruh'! Still also da d'roben!

Cajetan (von innen). Aber, Sennerin! Ich beschwöre Sie — —

Gilli (wie früher). Stad! sag ich! Wenn ich noch einmal aufmach', g'schieht's nur, um Dich aus meiner Hütten hinaus-z'treiben, wenn Du d'Gastfreundschaft nit z'schätzen weißt.

Cajetans Stimme (verhallt murmelnd.)

Gilli (wieder in den Vordergrund tretend). Er wird schon einschlafen, wenn ich ihm ka Red' und Antwort geb'! — Ich bin heut' nicht zum Plaudern aufg'legt — ich hab' eh g'red't — mehr als vielleicht recht ist! — Ich hab' mein' Vettern und dem Sepp Alles g'sagt, was seit fünf Jahren mir fast 's Herz abdruckt hat, und dadurch sein in mir wieder alle Erinnerungen so lebendig worden, als ob seit der Zeit noch nit fünf Tag' vergangen wären! — Ach, wenn ich nur wieder zur Ruh' kommen — wenn ich heut' nur schlafen könnt'! — Probiren will ich's! (Sie löscht das Licht in der Laterne aus, worauf die Bühne nur mehr von dem durch das Fenster hereinscheinenden Mondlichte beleuchtet wird; sie sieht sich hierauf mit scheuen Blicken in der Stube um.) 's ist doch recht schaurig, wann's Licht einmal austhan ist, und nur der Mond mit sein' blassen Schein g'schst beim Fenster h'rein lugt! — G'rad so war's auch damals — bald nach'n Gotthard sein' Tod — ich weiß heut' noch nicht — war ich wach, oder hab' ich träumt — dort — am Fenster — (Wendet sich gegen das Fenster.)

Zehnte Scene.

Cilli. Volker-Hans.

Hans (mit bleichem Gesichte, langen schwarzen, nach dem Hinterhaupte zurückfallenden Haaren, aus einer Wunde an der Stirn blutend, den Aermel seines Hemdes mit Blut bedeckt, erscheint plötzlich am Fenster im Mondlichte, sieht zuerst noch ängstlich nach dem Wald zurück, richtet dann seinen Blick auf Cilli und erhebt bittend seine Hände).

Cilli (stößt, ihn erblickend, einen Schrei des Entsetzens aus, schlägt beide Hände vor die Augen und taumelt zurück).

Hans (verschwindet wieder vom Fenster).

Cilli. Was war das? — Hab' ich's wirklich g'seh'n — oder war's nur so in mir? (Sieht wieder gegen das Fenster, aufathmend.) 's ist wieder fort —! aber was — was war's?!

Hans (in der Tracht eines italienischen Bauers, ohne Hut; sein Mantel, unter welchem der Obertheil seines Körpers nur mit dem Hemde und einer Weste bekleidet ist, ist halb über die Schulter hinabgesunken — kurze Sammtbeinkleider, leichte Strümpfe, von bunten Bändern, mit welchen die Topanken am Fuße befestigt sind, umwunden; — reißt heftig die Thür auf, schlägt sie ebenso rasch hinter sich zu, und stürzt vor ihr in die Knie.) Um Gottes Barmherzigkeit willen, Sennerin! Bleib'! Ruf' Niemanden zu Hilf'! Treib' mich nicht wieder aus deiner Hütten hinaus, denn der g'wisse Tod wart' drauß' auf mich!

Cilli (sich nur schwer von ihrem Schreck erholend und kaum ihrer Stimme mächtig). Red'! — was ist's mit Dir? — Wer bist?

Hans. Brauch' ich Dir mehr z'sagen, als daß ich unglücklich bin — o! so unglücklich wie vielleicht kein Mensch auf der Welt!

Cilli. Aber was — was willst denn da — bei mir?

Hans. Laß mich rasten — nur a Stund' — denn meine Füß' tragen mich nicht mehr, und — wann Du mir ein' Trunk frischen Wassers geben willst — ich verschmacht' fast! (Im Begriffe ganz auf den Boden niederzusinken.)

Cilli (ihn rasch unterstützend, mitleidig). Na, na! nimm' Dich z'samm'! setz' Dich da auf den Stuhl — (Ist ihm beim Aufstehen behülflich und leitet ihn bis zum Stuhl an dem Tische.)

Hans (sinkt erschöpft in den Stuhl).

Cilli. So, jetzt wart' nur ein' Augenblick! (Nimmt Reibhölzchen und entzündet das Licht in der Laterne wieder, dann, wieder auf Hans sehend, entsetzt). Mein Gott, 's helle Blut rinnt Dir ja von der Stirn!

Hans. Ah, das (gegen die Stirne weisend) ist nur a Riß von ein Baumast, aber da, da — (streckt den rechten Aermel auf, man sieht an dem Arme eine blutende Schußwunde) is der Schuß in's Fleisch gangen!

Cilli. Der Schuß?!

Hans. Ja — hetzen's mich doch seit einer Stunde, als wär' ich a wild's Vieh!

Cilli. Mein Gott, der Aermste vergeht vor Schwäche! Ich muß ihm's Blut stillen und die Wunden verbinden! — Nur Wasser! (Eilt zu dem Gestelle neben dem Herde, schöpft mit einem Topfe aus einem Wasserschaffe.) Und ein Leinwandfetzen (einen solchen erblickend) ah, da! (nimmt ihn, immer geschäftiger) und nun die Wolverleih-Tropfen — wo hab' ich's denn? (eilt wieder zum Tische, und nimmt aus der Lade desselben ein kleines Fläschchen) da sein's! Nur g'schwind! (Taucht den Linnenstreifen in das Wasser, träufelt einige Tropfen aus dem Fläschchen auf dasselbe.) So, das heilt jede Wunden bald! (Legt den Linnenstreifen auf die Armwunde.) Aber wie mach' ich's denn fest? (Reißt das Seidentuch von ihrem Halse und verbindet damit den Arm.) So, und jetzt noch die leichte Stirnwunde! (Taucht ihre Schürze in das Wasser und wäscht damit seine Stirne.)

Hans (schlägt die Augen wieder auf, und richtet sie mit innigem Ausdrucke auf Cilli).

Cilli. Ah, er kommt doch wieder zu sich.

Hans. O, ich spür's, wie mir leichter wird!

Cilli. Wart', ich bring' Dir a Milch, damit's Dir den Durst löscht. (Holt einen Topf vom Gestelle, geht zu Hans und hält ihm denselben an den Mund.) Da, trink', so viel b'magst.

Hans (nachdem er getrunken). O, Du bist so gut! — Gott vergelt Dir's! (Ergreift ihre Hand. — Man hört von außen wirre Männerstimmen.) — Erschreckt vom Sitze auffahrend.) Was ist das? — Hörst — hörst —?!

Cilli (sieht gegen das Fenster). Es kommen Leut' daher — sie tragen brennende Kienspän'.

Hans. Das gilt mir! — Und wann's mich finden —

Cilli (schlägt rasch die Balken des Fensters zu). Das sollen's nicht! Ich hab' Dir Schutz gegeben — ich werd' Dich auch nicht verrathen! (Horcht.) Sie kommen gegen die Hütten zu! Den Riegel vor (thut es) und jetzt g'schwind — dort (auf die Seitenthür weisend) durch den Stall kommst auch in's Freie.

Hans. Das nützt nichts — ich hab's g'hört, sie kommen rundum von allen Seiten!

Cilli (immer heftiger). So birg' Dich derweil, so gut 's geht, in's Stroh — vielleicht bring ich's fort! (Horcht.) Ha, sie sind schon an der Thür! — Mach' fort! fort! (Drängt Hans in die Seitenthür, löscht dann das Licht in der Laterne aus und horcht in ängstlicher Spannung gegen die Thür.)

Eilfte Scene.

Cilli. Sepp. Mehrere Bauernburschen.

(Es ertönen zuerst einige heftige Schläge gegen die Thür.)

Sepp's Stimme (noch von außen). He! mach' auf, Sennerin, mach' auf! (Nach einer Pause auf's Neue an die Thür schlagend.) Aufg'macht', sag' ich — oder wir schlagen die Thür ein!

Cilli (leise). Aufmachen muß ich! (Geht zur Thür und schiebt den Riegel zurück.)

Sepp (die Axt in der Hand) Bauernburschen (von denen einige brennende Kienspäne tragen, erscheinen unter der Thür).

Cilli (sich überrascht stellend). Was weckt's mich denn so spät in der Nacht noch auf?

Sepp (tritt ein, roh lachend). Ha, ha willst uns wohl gar weiß machen, daß D' schon g'schlafen hätt'st? Gib Dir ka Müh — wir glauben's nit, denn noch vor a paar Secunden haben wir 's Licht durch die Klumsen vom Fenster leuchten sehen!

Cilli. Na — und wann ich noch a Licht brennt hab' —?

Sepp (mit Eifersucht). So hast es than, weilst noch einen Besuch g'habt hast! —

Cilli. Wer sagt das?

Sepp. Ich sag's, und die (auf die Burschen weisend) werden mir Recht geben! Wir haben Ein' auf der Mucken g'habt — im Wald ist er uns wieder verschwunden — da haben wir die Kienspan anbrennt, und b'Spur verfolgt — haben g'nau g'seh'n, wie d'G'sträuch brochen war'n, wo er durch ist — bis da herauf zu deiner Hütten! — Er muß noch da sein, und wir müssen ihn finden! (Späht in der Stube umher.)

Cilli (sich muthig stellend). Und wann Einer da wär' — und wann's ihn findet's — was thät's mit ihm?

Sepp. Mit dem? Niederbrennen thäten wir'n — wie er 's verdient!

Cilli (schrickt zusammen).

Sepp (sie rauh an der Hand fassend). Ha! was erschrickst denn? Er ist wohl gar nit zum ersten Mal da? — Ist vielleicht a Schatz von Dir? — Aber das hilft ihm nichts! (Zu den Burschen.) Sucht's Alles aus — die Stuben — den Stall. —

Cilli (für sich). Mein Gott! er ist verloren! Wie rett' ich ihn? (Von einem Gedanken durchzuckt.) Ha! so! — nur so ist's möglich!

(Zu Sepp.) Sepp! hör' mich an! — Laß mei' Hütten in Ruh' — es ist Niemand da — g'wiß — Niemand! — (Sieht dabei absichtlich immer mit dem Ausdrucke der Angst gegen die Treppe.)

Sepp (der Richtung ihrer Blicke folgend). Was schaust denn so ängstlich da hinauf?

Cilli (sich verlegen stellend). Ich —? was glaubst denn?

Sepp (zu den Burschen). Nur mir nach! Und wann er sich zur Wehr setzt, schießt's ihn nieder! (Eilt die Treppe hinan, reißt die Bodenthür auf und dringt hinein.)

Einige Burschen (folgen ihm).

Cilli (für sich). Wenn nur das ihren Verdacht ablenkt! —

Sepp's Stimme (vom Heuboden herab). Ha! haben wir Dich!

Cajetans Stimme (ebenfalls oben). Hilfe! Barmherzigkeit! Räuber! Diebe! Mörder! Au weh!

Sepp (erscheint oben auf der Treppe, Cajetan am Rockkragen beinahe in der Luft tragend). Da — da ist er! bindt's ihm Händ' und Füß!

Cajetan (schreiend). Aber — meine Herren! meine Herren! (Ist indeß mit Sepp die Treppe herabgekommen.)

Die Burschen (mit den Kienfackeln treten näher).

Martin (Cajetan erkennend). Was seh' ich? — das ist ja —

Die andern Burschen. Ja — der junge Vetter vom g'strengen Herrn!

Cajetan (fast weinend). Freilich! Ich bin der Neveu von meinem Herrn Onkel!

Sepp. Was? — was? (Wendet Cajetans Gesicht gegen sich, überrascht.) Meiner Seel'! Der junge Herr! (Läßt ihn los.) Und der — da! (Wüthend auf Cilli losgehend.) Bei Dir versteckt — bei Dir, die sonst so scheunheilig thut und sagt, daß's von kein' Mannsbild mehr was wissen will? — Red'!

Cilli (mit Stolz). Ich bin Dir ka Rechenschaft schuldig!

Sepp (mit einer gesteigerten Wuth). Du willst nit? — Na — gut! (Fast schäumend und auf Cajetan weisend.) So soll mir der Red' steh'n! —

Cajetan. (erschreckt). Ich? — Na — seib so gut! (Will gegen die Thür.)

Sepp (zu Cajetan). Wo willst hin?

Cajetan. Ich? — Zu mein' Herrn Onkel!

Sepp. Wart'! wart'! wir werden Dir's G'leit geben, aber wie's bei uns Brauch ist, wenn wir so ein' Stadtherrn in unsern Gei finden! (Faßt ihn an der Hand — dann zu den Uebrigen.) Kommt's nur — kommt's! Weiter finden wir in der Hütten nichts, denn ich will's wohl glauben, daß die (auf Cilli) kein Andern eing'lassen hat, derweil's mit dem da — — O Cilli! Cilli! ich könnt' Dich umbringen! (Schwingt die Axt.)

Die andern Burschen (springen dazwischen). Sepp! Was treibst?

Sepp. Nein! nein! sie soll leben — aber zu ihrer eigenen Schand'! im ganzen Thal sollen sie's erfahren, was wir bei ihr für ein' Fund g'macht hab'n und kein ehrliches Madl soll mehr mit ihr umgeh'n — kein ehrlicher Bursch' soll's anschau'n — die — die elende Dirn'! Kommt's! kommt's! (Ab mit Cajetan und den andern Burschen.)

Cilli (allein). Gott! was hab' ich gethan; in was für ein' Ruf mich selber bracht! — Aber was! Unser Herrgott weiß's, warum ich's thau hab', und der arme Mensch — — — (gegen die Seitenthür weisend.)

Zwölfte Scene.

Vorige. Hans.

Hans (eilt aus der Seitenthür). Sie sein fort — und Dir — Dir dank' ich mei' Freiheit — mei' Leben! (Eilt mit ausgebreiteten Armen auf sie zu.)

Cilli (erschreckt zurückweichend, mit gebieterischer Haltung). Bleib'! — ich war dein Schutz — soll ich dafür jetzt gegen Dich ein' Schutz anrufen müssen?

Hans (sich besinnend). Nein! nein! Ich will Dir nur danken, wie man den lieben

Engeln tankt! (Sinkt in die Knie, die Hände gegen sie ausbreitend.)

Der Vorhang fällt.

Zweiter Act.

(Wald am Fuße des Gebirges, rechts im Vordergrunde eine ärmliche Waldschenke, vor derselben ein Tisch und einige Stühle. Es ist früher Morgen.)

Erste Scene.

Bursche und Mägde (theils mit Sicheln und Rechen versehen, theils Krennzen auf dem Rücken tragend, kommen singend vom Vordergrunde links).

Chor.

D' Sonn' steigt den Berg herauf,
All's weckt ihr Blitzen auf
Im grünen Wald!
D' Lerchen in Wolken steht,
Sing'n wir mit ihr um d' Wett',
Daß's Echo schallt!
(Jodler.)
(Sie wollen gegen die Anhöhe rechts abgehen.)

Zweite Scene.
Vorige. Sepp. Martin.

Sepp) kommen haftigen Schrittes von
Martin) der Anhöhe rechts herab.

Sepp (die Burschen und Mägde erblickend zu Martin). Ha! da sein Lent' aus'n Ort! (Zu den Leuten.) Wo wollt's hin?

Ein Bursche. Auf d' Bergwiesen außi, Heu machen.

Sepp. Das hat Zeit! Z'erst will ich Euch Gelegenheit zu ein' Hauptspaß geben, den's schon lang nit g'habt habt's!

Mehrere Bursche. Was denn? was denn?

Sepp. Werd's All's hören! Geht's nur derweil Alle da hinter's Schankhaus und wart's, bis ich Euch ruf'!

Die Bursche. Na, ist schon recht! Kommt's! (Ab hinter die Schenke.)

Sepp (sich wieder nach dem Walde umsehend). Sie werden ihn doch nit ausg'lassen haben!

Martin. Und wenn auch, der lauf ihnen nit davon! Der arme junge Herr kann ja kaum mehr auf sein' Füßen stehen. Aber sag' mir nur, was willst mit ihm thun?

Sepp. Das, was Brauch ist in unserm Thal, wenn Einer ein' andern Bub'n bei sein' Dirndl trifft!

Martin. Aber denk' nur, 'sist der Vetter vom g'streng' Herrn!

Sepp. Und wann's der Vetter von unserm Herrgott wär'! Brauch ist Brauch, und ich lass'n nit abkommen! Oder wollt's Ihr epper nit dabei sein?

Martin. Hm! ich mein' nur, mar müßt doch erst g'wiß wissen, daß er bei der Gisli war als ihr Schatz!

Sepp. Wann's nit so wär', warum hätt's ihn denn versteckt? Warum hätt's denn g'laugn't, daß er bei ihr ist? Wann Euch aber das Alles noch nit g'nug ist, so sollt's es von ihm selber hören, wie's war!

Martin. Er selber soll's gesteh'n? Das wird er wohl bleiben lassen!

Sepp. Ich bring's aus ihm heraus! ich schon, — und dabei will ich Zeugen haben. Wenn die Andern mit ihm kommen, stellt's Euch Alle an, als ob's heimgeh'n müßt's; bleibt's aber in der Näh', daß's jed's Wort hört's, was ich mit ihm red'; und wann's dann wißt's, was's z'wissen braucht's, dann —

Martin. Ja, dann laßt sich freilich nichts dagegen reden und wir müßten mithalten!

Sepp (gegen die Anhöhe sehend). Stad! stad! Da kommen's schon!

Dritte Scene.
Vorige. Cajetan. Bursche.

Cajetan (ganz erschöpft, kommt, sich auf den Arm eines Burschen stützend, vom Bergwege herab).

Die Uebrigen (folgen).

Cajetan (stöhnend). Nimmt denn der Berg gar kein Ende? Ach! mir schnappen schon die Füße ein wie Taschenmesser! Ich — ich kann nicht mehr!

Martin. Na, wir sein ja schon im Thal!

Cajetan. Aber das Schloß meines Herrn Onkels seh' ich noch immer nicht!

Martin. Ja, bis dahin hab'n wir wohl noch anderthalb Stund'!

Cajetan. Anderthalb Stunden? So weit bin ich mein' Lebtag nicht ohne Fiaker gegangen! Das halt' ich nicht aus!

Sepp (welcher inzwischen mit den andern Burschen leise gesprochen, tritt nun wieder vor, sich beherrschend, zu Cajetan). Na, so halten wir a wenig Rast und trinken da in der Waldschenk' a Glasl Kräuterbranntwein!

Cajetan. Kann wahrhaftig nicht schaden, denn mir ist der Magen so gewiß flau.

Sepp (zu Martin und den übrigen Burschen). So geht Ihr derweil voran und vermeldt's, daß wir bei uns'rer Streifung (mit einem spöttischen Blicke nach Cajetan) nichts Recht's g'funden haben!

Martin (lachend). Ja, nichts als ein' Hasen haben wir im Heu aufgestöbert!

Cajetan (für sich). Mir scheint, der stichelt!

Martin (zu den Burschen). So kommt's! (Will mit den Burschen fort.)

Cajetan (erschreckt). Wie? Ihr wollt fort? Und ich — ich soll — allein?

Sepp. Allein? Bleib' nicht ich bei Dir?

Cajetan (für sich). Das ist's eben! Ich allein — mit dem? (Laut, zu Martin und den Burschen.) Liebe Landsleute, darf ich Sie nicht auch zum Frühstück einladen? Ich zahle Alles!

Martin. Wir haben jetzt ka Zeit! Laßt nur Ihr Euch's schmecken! (Ab mit den Uebrigen hinter die Schank.)

Cajetan (angstvoll). Ich mir's schmecken lassen? Mir ist aller Appetit vergangen! Ich — ich geh' auch! (Zu Sepp, indem er an diesem vorüber will.) Hab' die Ehre, mich zu empfehlen!

Sepp (ihm den Weg vertretend). Halt! halt! bleib' nur da! Wir frühstücken mit einand'!

Cajetan (bebend, sich den Schweiß von der Stirne trocknend, für sich). Er läßt mich nicht aus! (Laut.) Mit einand'? Wir? — o! außerordentliches Vergnügen! (Für sich.) Ich fürchte nur, er frißt mich selbst zum Frühstück auf dem Kraut!

Sepp (ruft gegen die Schenke). A Flaschel Grün' und zwei Glasl!

Ein Junge (bringt das Verlangte, stellt es auf den Tisch und entfernt sich dann wieder).

Sepp (zu Cajetan). Na! setz' Dich!

Cajetan. Danke (mit einbrechenden Knieen) bin gar — gar nicht müde.

Sepp (ihn boshaft lächelnd betrachtend). Was hast denn? Ha! meinst vielleicht, ich wär' noch harb auf Dich? Fürcht' Dich nit! — Ich bin wohl a wenig hitzig, aber 's verraucht glei wieder! — Ich seh' ja ein, daß ich Dir im Grund' gar nichts anhaben kann!

Cajetan. Seht Ihr das ein? O! wäre eine vernünftige Einsicht!

Sepp. Was kannst denn Du dafür, daß D' einer Dirn' besser g'fallst, als so ein ung'schlachter Kerl, wie ich bin!

Cajetan (für sich). Er spricht ja ganz bescheiden!

Sepp. Man braucht Dich ja nur an z'schau'n, so muß man glauben, daß einer jeden Dirn' 's Mieder z' eng wird, wenn's Dich nur versteht!

Cajetan (mit geschmeichelter Eitelkeit). O bitte — bitte! Man hat allerdings einige Fortune bei Damen — ich will nicht damit prahlen — denn, mein Himmel! 's ist ja kein Verdienst, das ist so etwas Angebornes, ein gewisses magnetisches Fluidum — und wir, wir Zappelfelds haben das schon in unserm Blute! Wir stammen von den Veni-vidi-vici'schen ab, und wenn ein Mädchen einen jungen Zappelfeld nur erblickt, so drängt sich ihr alles Blut zum Herzen und sie ist weg — rein weg!

Sepp (seinen Ingrimm bemeisternd). Und so ist's halt der Billi ah gangen! Da kann's im Grund ah nir dafür! Sie hat halt so lang nix von der Lieb' wissen wollen, bis der Rechte kommen is — und Du — na! — Du bist halt der Rechte! — Liegt nir b'ran! Schau' ich mich halt um ein' and're Dirn' um, gibt ja noch mehr auf der Welt! (Geht zum Tisch und schenkt beide Gläser voll.) Na, trinken wir ein's b'rauf! (Setzt sich.)

Cajetan (für sich). Hm! ich spreche mich ja mit dem Manne ganz leicht!

Sepp (auf den Stuhl neben sich weisend). Na, setz' Dich da zu mir!

Cajetan (sich setzend). Ich bin so frei!

Sepp (hält ihm das Glas hin). Trink'!

Cajetan (das Glas nehmend und mit Sepp anstoßend). Auf euer Wohl! (Trinkt.) Hm! vortrefflicher Liqueur! brennt zwar etwas, aber er wärmt!

Sepp (ihm nochmals einschenkend). Trink' nur; wannst Dich a bißl g'stärkt hast, mußt mir ein' G'fall'n erweisen!

Cajetan (trinkt). Mit Vergnügen! sprecht nur!

Sepp. Siehst, ich mein' alleweil, daß ich kein Glück bei die Weibsbilder hab', das kommt daher, daß ich's nit recht anz'stellen weiß!

Cajetan. Kann wohl sein! Denn sonst — Ihr seid ja ein charmanter, liebenswürdiger Mensch! (Trinkt, dabei für sich.) Hat frappante Aehnlichkeit mit einem Büffel! Aber ich muß ihn etwas steigen lassen!

Sepp. Und d'rum möcht' ich's lernen, wie man's eigentlich macht, und so a feiner Stadtherr wie Du, der könnt' mir's am besten zeigen! (Schenkt ihm wieder ein.)

Cajetan (bei dem die Wirkung des Getränkes etwas fühlbar wird). Dieß wohl! Dieß wohl! Hä hä hä! man hat Pra — Praxis!

Sepp. Na siehst, wannst mir z. B. nur sagest, wie'st es denn bei der Billi, die doch sonst so a hoppertatschige Dirn' is —

Cajetan. Hopper — hoppertatschig! Hä hä hä! Gottvoll!

Sepp. Also wie'st es bei der aug'stellt hast, daß's glei' so an Narren an Dir g'fressen hat!

Cajetan. Das — das soll ich Euch zeigen?

Sepp (den Vertraulichen spielend). Na ja — verstehst, wir sein ja unter uns!

Cajetan. Ja — und wir Mädeln unter uns! Hä hä hä!

Sepp (mit immer schlechter verstellter innerer Wuth). So erzähl', erzähl'!

Cajetan. Ja — so einfach erzählen läßt sich das nicht! Das muß mehr so — versteht Ihr? — so — mimisch-plastisch dargestellt werden!

Sepp. So thu's — thu's?

Cajetan (aufstehend, für sich). Ich muß mir einen Spaß mit dem Kerl machen! (Laut.) Nun — so denkt Euch, Ihr seid die Billi!

Sepp. Gut, gut! ich bin die Billi!

Cajetan. Ihr sitzt da allein in euerer Sennhütte — nun pocht es an der Thür — Ihr fahrt überrascht in die Höhe — nun so thut's doch!

Sepp (bereits die Fäuste ballend). Ja, ja, ich fahr' schon in die Höh'! (Steht auf und hält sich, sich kaum mehr bemeisternd, an dem Tische fest.)

Cajetan (für sich). Ist wirklich ein spaßiger Kerl in seiner Rolle als Billi!

Sepp. Weiter! weiter!

Cajetan. Die Thür' öffnet sich — ich trete ein, stelle mich überrascht von dem Liebreiz des Mädchens — seht ihr — so: »Ha! welche Erscheinung!« rufe ich, »ruht ein Engel von seinem Wolkenfluge hier auf einer Berghöhe aus?« Sie erröthet — schlägt die Augen nieder — nun, so schlagt doch die Augen nieder!

Sepp. Ja, ja — ich werd' gleich was niederschlagen!

Cajetan. Nun nähere ich mich ihr — blicke ihr schmachtend in's Auge — lege sanft meinen Arm um ihre Taille (legt seinen Arm um Sepps Mitte) sie wehrt sich nur schwach — —

Sepp (aufwallend). Nur schwach?! —
(Stößt dabei Cajetan so heftig von sich, daß dieser einige Schritte wegtaumelt.)

Cajetan (die Rippen reibend). Herrgott! das soll schwach sein! — Lieber Freund! Ihr spielt eure Rolle mit zu viel Verve! Bedenkt doch, daß Ihr zartes Geschlecht seid! Ihr müßt Euch mehr mäßigen!

Sepp. Mäßigen? Ja ich werd' mir Müh' geben, denn ich muß jetzt Alles — Alles wissen! Also nur fort, fort!

Cajetan. Also — ich leg' meinen Arm um ihre Taille (thut es wieder) und sage: „Mädchen! kann ich die Seligkeit genießen, mit Dir unter einem Dache zu weilen?" Das Mädchen weiß nicht, wie ihr geschieht.

Sepp (kaum mehr fähig zu sprechen). Ja, — ich weiß auch nicht mehr, — wie mir g'schieht! Weiter! weiter!

Cajetan. Sie flüstert: „Warum nicht?" auf dem Heuboden —"

Sepp (wie oben). Auf'n Heuboden!

Cajetan. „O leuchte voran!" sag' ich. Nun, hä hä hä! sie leuchtet voran, — ich steige nach — oben — mitten unter duftigen Kräutern — ziehe ich sie sanft an meine Brust — ihre Arme schlingen sich um mich — ein Hauch — und das Licht ist ausgelöscht —

Sepp (mit hervorbrechender Wuth). Auch ihre Arm' schlingen sich um Dich? So? so? (Faßt ihn kräftig und tupft ihn.)

Cajetan (aufschreiend). Ah, ah! nicht so!

Sepp (wie oben). Wart' nur! 's Licht wird Dir ah glei' ausg'löscht sein! Kerl! ich zerfranz' Dich in der Luft!

Vierte Scene.

Vorige. Martin, Bursche und Mägde.

Martin, Bursche und Mägde (eilen hinter der Schenke hervor und befreien Cajetan von Sepp). Halt, halt, Sepp, was thust?

Sepp. Weiß ich's selber — weiß Einer in meiner Lag', was er thut, wenn er so

was — so was anhören muß? (Bemüht sich von den ihn haltenden Burschen loszuringen.) Laßt's mich! laßt's mich!

Cajetan (der sich furchtsam auf die linke Seite der Bühne retirirt hat). Nein! um Gottes willen! laßt ihn nicht! er beißt!

Martin (zu Sepp). G'scheit sein, Sepp! Ein Unglück ist bald g'schehen! Sei Straf' soll der da (auf Cajetan weisend) kriegen, deswegen sein wir da blieben!

Cajetan. Strafe? Um Alles in der Welt! Wofür denn?

Martin (zu Cajetan). Dafür, daß Du ein'm von den Uns'rigen in's Gei g'gangen bist! (Zu den Burschen.) Faßt's ihn! — Die Latten her!

Die Bursche (fassen Cajetan an beiden Armen). Nit mucksen!

Cajetan. Aber, meine Herren! Nur ein Wort — nur ein einziges Wort!

Martin. Was willst noch reden?

Cajetan. Ich — ich bin ganz unschuldig — und die Cilli auch! — Ich gestehe Alles — ich habe mir nur mit dem Herrn von Sepp einen Scherz erlaubt, es ist ja Alles, was ich g'sagt habe, gar nicht vorgegangen!

Martin. Was? Also Alles nicht wahr?

Cajetan. Kein Sterbenswörtlein! ich kann's beschwören!

Martin (scheinbar beschwichtigt). Na, wann's so ist, dann — —

Cajetan. Dann laßt Ihr mich wohl los?

Martin. Dann verdienst erst zehnfach die Straf', wann'st, nur um z'prahlen, ein' braven Dirn'l b' Ehr' abg'schnitten hast!

Cajetan. Erbarmen! Gnade! Pardon!

Die Bursche. Nichts da! G'schehen muß's!

Martin. Zieht's ihm b' Joppen aus!

Cajetan (schreiend). Gott im Himmel! ich werde gelynchjustizt! Hilfe! Hilfe!

Die Bursche (ziehen Cajetan den Jagdrock aus).

Martin (ergreift eine mehr als klafterlange Latte, welche einer der Bursche gebracht hat).

So! jetzt die Latten über'n Rucken durch b'Hembärmel durch! Halt's ihn nur!

Die Bursche (halten Cajetans beide Arme gerade ausgestreckt).

Martin (schiebt die Latte von einem Hembärmel Cajetans über dessen Rücken, durch den andern, so daß er mit ausgespreizten Armen, ohne sie bewegen zu können, dasteht).

Cajetan (fortwährend jammernd). Au weh! Ihr schindet mir die Haut ab! Hilfe! Erbarmen!

Sepp (auf Cajetan weisend). Ha ha ha! Fertig ist der Lattenmann! Jetzt hetzt's ihn über b'Stoppelfelder und hinunter durch's ganze Dorf!

Mehrere Burschen (haben Gerten und Birkenruthen geholt. und selbe unter alle vertheilt, nun schwingen alle dieselben drohend gegen Cajetan). Treibt's ihn an! Treibt's ihn an! Rennen muß er, was er kann!

Cajetan (will entfliehen. stößt aber mit den aus beiden Aermeln weit herausragenden Enden der Latte bald an Bäumen, bald an andern Gegenständen an, so daß er immer gehindert ist).

Die Bursche und Mägde (verfolgen ihn, ihn im Kreise herumtreibend, ihre Gerten schwingend und dabei singend).

Spott-Chor.

Ha ha ha! Ha ha ha!
Lattenmann! Lattenmann!
Was hast than?
Weißt jetzt nit ein, nit aus,
Kannst nit hinein in's Haus,
Wie Du Dich wend'st und bieg'st,
Bis D' auf der Nasen liegst!
Ha ha ha! — Ha ha ha!

Fünfte Scene.

Vorige. Arthausen. Rampinger. Andere Bursche. Jäger (treten mitten unter dem wirren Treiben rechts auf).

Arth. (mit starker Stimme, Alle übertönend). Halt! Was treibt Ihr da?

Alle (ihn erblickend und einhaltend). Der g'streng' Herr!

Cajetan (aufathmend). Herr Onkel! In meine Arme! (Eilt auf ihn zu, und will ihn umarmen, woran ihn aber die Latte hindert).

Arth. (überrascht). Mein Neffe! (Zu den Uebrigen.) Was habt Ihr mit ihm vor?

Sepp (trotzig vortretend). Na, Du hast ja g'sagt, daß er (auf Cajetan weisend) in unser Land kommen ist, um unsere Bräuch' kennen z'lernen — na — Du, Herr wirst wohl wissen, was bei uns Brauch ist, wenn a Bursch' bei der Dirn' von ein' andern troffen wird.

Arth. (zu Cajetan). Wie, bist Du auf verliebte Abenteuer ausgezogen?

Cajetan. Abenteuer? Ja — daß mir der Abend theuer zu stehen gekommen ist, ist wohl wahr — aber ich habe gar nichts gethan, als auf einem Henboden geschlafen!

Sepp. Ja, in der Hütten von der Cilli.

Ramp. Was? Bei meiner Mahm? (Zu Sepp.) Aber Sepp! Kannst denn glauben, daß der — (Auf Cajetan weisend.) Schau Dir'n einmal recht an!

Sepp (wirft einen finstern Blick auf Cajetan, dann zu Rampinger). Ah was, das Weibsvolk hat oft ganz aparte Gnsto.

Ramp. Nein, nein! Für den steh' ich gut —

Cajetan. Unschuldig wie ein bethlehemisches Kind!

Ramp. (zu den andern Burschen). D'rum macht's ihn frei von der Latten, er schaut ja auch ohne Latten so aus, als ob er g'spandelt wär'!

Die Burschen (befreien Cajetan von der Latte und reichen ihm den Rock wieder).

Arth. (während dieß geschieht zu Sepp). Also, wie ich sehe, hatte eure Streifung keinen bessern Erfolg, als die uns're — auch wir haben nichts von einem Feinde aufgestöbert!

Ramp. 's war vielleicht gestern Alles blinder Lärm und der Kuprecht hat uns umsonst aufg'rebellt!

Martin (in die Scene links sehend). Ah, da kommt er ja just. (Zu den andern Burschen.) Wart's! den wollen wir a bissel hänseln!

Sechste Scene.

Vorige. Ruprecht, dann ein Junge.

Rupr. (kommt eilig von links). Na — habt Ihr ihn?

Martin (spottend). Wen denn? Vielleicht den bucklet'n Hasen, den Du gestern für ein' Mann mit ein' Bünkel ang'schaut und nach ihm g'schossen hast?

Ramp. (ebenfalls lachend). Der hernach so torkelt hat!

Martin (lachend). Und über'n Graben in' Wald einig'sprungen is!

Mehrere Burschen (lachend). Ja, ja! D'Hasen machen's schon so! Ha ha ha!

Rupr. (gereizt). Ihr spott's und lacht's mich aus? — Und (zu Rampinger) Du auch? Na wart's! So werd' ich Euch was Anders zeigen, und (wieder zu Rampinger) Dir — g'rad Dir was sagen, daß Dir d'Ohren gällen sollen! (Sieht in die Scene nach links.) Da kommt ja mei Bübel schon nach!

Die Uebrigen (ebenfalls in die Scene links sehend). Ja, was schleppt denn der?

Rupr. Das, was ich heut fruh im Wald g'funden hab!

Ein Junge (einen ziemlich schweren Bündel auf dem Rücken tragend, kommt von links).

Rupr. (zu dem Jungen). Leg's nur nieder! (Es geschieht.)

Alle (näher hinzutretend). G'funden — im Wald?

Rupr. Ja — in einer Felsspalten!

Ramp. (das Einbindetuch besehend). Auf dem Tüchel sein ja Blutstropfen!

Rupr. (nun ebenfalls spottend). Natürlich! Den Bünkel hat ja vermuthlich der Has tragen, den wir ang'schossen haben.

Arth. Was enthält denn der Bündel? Schnell, öffne ihn!

Rupr. Na — da schaut's! (Oeffnet den Bündel und nimmt mehrere Ballen Seidenzeug aus demselben.) Lauter schwere Seidenstoff —

Arth. Ah — wie's verwegene Schmuggler über die Grenze schaffen —

Rupr. Aber da! (Zieht ein zusammengelegtes Papier aus dem Bündel.) Da ist noch was — ich weiß nicht, was die Kratzlerei bedeuten soll — (Reicht das Papier Arthausen.)

Arth. (das Papier entfaltend und die darauf befindliche Zeichnung besehend). Blitz und Hagel! Das ist ein förmlicher Plan — alle Waldwege im Gebirge aufgezeichnet —

Alle. Also doch ein Spion!

Rupr. Und zwar der nämliche, den ich gestern beim Kreuz in der Klamm troffen hab', das kenn' ich an der Farb' von dem Tüchel!

Sepp (auf's Neue aufgeregt zu Ruprecht). Der nämliche — den Du — beim Kreuz — (haftig) und hast ka weitere Spur?

Rupr. Wohl, wohl! Hört nur! Ich hab' mein Dachshund zu dem blutigen Fleck schnofeln und dann fortspüren lassen — das Hundel ist vor mir her — hat allweil g'schnoppert, und richtig, so weit als' g'loffen ist, überall hab' ich auf dem dürren Laub und den Tannennadeln, die am Boden g'legen sein, Blutstropfen g'sehen!

Sepp. Und bis wohin ist die Spur gangen?

Rupr. Bis — bis — (faßt Rampinger's Hand und raunt ihm ins Ohr) zu eurer Mahm ihrer Sennhütten!

Ramp. (aufschreiend). Bis zur Gilli?!

Sepp (rasch). Und wohin von dort weiter?

Rupr. Um kein' Schritt weiter, als bis zur Hütten.

Sepp (eilt zu Cajetan und faßt ihn an der Hand). Du — Du warst dort!

Cajetan (wieder ängstlich). Aber ich — ich habe nichts gesehen — auf Ehre und Seligkeit!

Sepp. So hast vielleicht Du selbst Dir am Arm was gethan, daß b'blut' hast?

Cajetan. Gott bewahre! Ich habe seit gestern keinen Tropfen Blut mehr in meinen Adern!

Sepp (dem nun Alles klar zu werden scheint auf's Neue von Eifersucht entbrannt) So war also noch ein Anderer — außer Dir —?

Cajetan. Nein, nein! Ich war ganz allein außer mir, und zwar darüber, daß sie mich in den Heuboden eingesperrt hat!

Sepp. Aha! Dich hat's eing'sperrt — damit Du nichts siehst — und — wie wir kommen sein, hat's deswegen so ängstlich nach der Bodenthür g'schaut, daß unser Verdacht dorthin g'lenkt wird — Dich hat's g'fangen fortführen lassen, damit der Andre hat ung'stört bei ihr bleiben können! (Vor Wuth schnaubend.) O, nur die Lieb' kann Ein's so schlau machen!

Arth. (zu Sepp.) Und nur die Eifersucht kann einen so blind machen, wie Dich! Deine Schuld allein ist's, daß wir des Burschen nicht habhaft wurden.

Sepp. Ja, ich gesteh's — wahnsinnig war ich! (Feurig.) Aber ich will's gut machen! (Ueberlegend.) Jetzt, bei helllichtem Tag traut er sich g'wiß nicht heraus; er ist also noch bei ihr!

Martin. Dann müssen wir ihn kriegen und wenn wir b'ganze Hütten niederreißen müßten! (Will mit mehreren Burschen fort.)

Sepp (sie aufhaltend). Nein! nein! nicht so! Die Sach' muß schlauer anpackt werden! (Zu Rampinger.) Ich und Du, wir gehen ganz allein hinauf! (Zu den Uebrigen.) Ihr schleicht nur ganz sad nach; halt's Euch auf fünf Schritt außerhalb der Hütten versteckt, bis ich Euch a Zeichen gib! (Zu Rampinger.) Komm' mir! Unterwegs werd' ich Dir schon sagen, wie wir's anstellen sollen, daß er uns dasmal nicht entgeht! (Faßt Rampinger's Arm und eilt mit ihm den Bergweg rechts hinan.)

Arth. Er scheint des Erfolges sicher zu sein! Also ihm nach! Wer von Euch ist dabei?

Cajetan. Ich nicht! Wer noch?

Mehrere Bursche. Wir Alle! wir Alle!

Arth. Nun, so folgt mir! Geb' Gott, daß wir heute den Weg nicht wieder fruchtlos machen! (Mit allen Uebrigen außer Cajetan ab.)

Siebente Scene.

Cajetan (allein).

Cajetan (den Abgehenden nachrufend). Viel Glück zur Jagd! Bedauere unendlich, nicht theilnehmen zu können! Ha, ha! Ich bin nicht so neugierig, daß ich überall dabei sein müßte! Ueberhaupt gefällt's mir hier gar nicht! Ich hatte mich hieher begeben, um mich zu erholen, und komme da gleich am ersten Tage mitten in eine Räubergeschichte hinein! Ah, da dank' ich! — Ich seh', daß ich bald wieder fortkomme, und wenn mein Herr Onkel mich wieder einmal einladen läßt, zu ihm zu kommen, so geb' ich gar keine andere Antwort als die: „Ich bitte, meine Empfehlung es wäre schon gut!" Das ist die kürzeste und höflichste Erledigung, die man so manchem Antrage, der einem in jetziger Zeit vorkommt, ertheilen kann.

Lied.

1.

Wenn irgend ein mächtiger Staat
Ein' kühnen Plan durchgeführt hat,
Ohn' erst b'kleinern Nachbarn zu frag'n,
Die sich z'widersetzen nicht wag'n,
Dann halten die das für das Best',
Daß's einleg'n g'schwind ein' Protest!
So'n Actenstück hat sein Gewicht!
Der Gegner empfängt es und spricht,
Noch eh' er die Zuschrift ganz durchlesen thut:
„Ich bitt', mein' Empfehlung — es wäre
schon gut!"

2.

Empfiehlt 'ne Mama einem Mann
Ihr Töchterl zum Heiraten an,
„Sie hat eine recht gute Stell',
Ist Marchandesmodes-Mamsell!"
Mit'n Tanzen hat's auch keine Noth,
Sie nimmt täglich Lectionen beim Schwott!

Im Fasching hat's beim ball masqué
Als Debardeur freies Entrée!«
D'rauf greift der Freier geschwind nach
sein' Hut:
»Ich bitt', mein' Empfehlung — es wäre
schon gut!«

3.

Beantragt wird von g'wissen Herr'n:
»Wien soll eine schöne Stadt wer'n;
Man soll da kein' Lärmen mehr hör'n
Und nichts Uebles g'rochen auch wer'n!
D'rum soll'n alle Schlosser und Schmied',
Gleich räumen das städt'sche Gebiet,
Auch b'Leb'rer und Gerber soll'n sein,
Drei Stund' weit vor b'Linie gesetzt wer'n!«
Doch b'Bürger, wenn man so was vorschla-
gen thut,
Sag'n: »Uns're Empfehlung — es wäre
schon gut!«

4.

Wer Geld braucht, der kriegt es jetzt schnell,
Schafft er nur ein Pfand gleich zur Stell',
Er zahlt sechs Procent nur dafür,
Doch extra noch Nebengebühr;
Für's Aufschreib'n, und Aufheb'n und
Schätz'n
Gibt's Taren — im Voraus heißt's: setz'n!
Bringt Einer a Pfand da hinauf,
Wär's nöthig, er zahlet noch b'rauf!
»Zur Aushilf für's Volk!« nennen's
das Institut,
»Ich bitt', meine Empfehlung — es wäre
schon gut!«

5.

»Mit Wasser versorgt wird jetzt Wien.«
Sagt Einer, »wie froh ich jetzt bin!«
Denn hab'n wir gut's Wasser — nit
wahr?
Dann ist's mit dem Biertrinken gar!
Kein' Wein auch trink' ich von der
Stund'
Denn 's Wasser — das ist so gesund!

Zum Frühstuck — zur Jausen — auf
b'Nacht
A paar Krügel Wasser, das macht —
Daß man bald a G'sicht kriegt wie Milch
und Blut —«
Na, ich bitt' mein' Empfehlung! es wäre
schon gut. — (Ab.)

Achte Scene.

Verwandlung.

Das Innere der Sennhütte wie zum Schlusse des
ersten Actes die Fensterbalken sind noch geschlossen.

Hans. Cilli.

Hans (liegt vollkommen angekleidet, schla-
fend auf dem Bette).

Cilli (tritt durch die Mitte ein). 's ist
draußen Alles ruhig — im Wald rührt
sich noch nichts, jetzt wär's wohl Zeit, daß
er schauet, fortz'kommen! Ich hab' wollen,
daß er noch in der Nacht geht — aber er
war zu matt, hat mich beten, daß ich ihn
nur a Stund' ruhen lassen soll — (tritt zum
Bette) und jetzt schlaft er noch! (Sich sachte über
ihn beugend.) Wie sanft er schlaft! — 's ist
mir völlig leid, daß ich ihn aufwecken muß!
Aber 's muß doch sein — zu seiner eigenen
Sicherheit! (Rüttelt ihn leise.)

Hans (aufgeschreckt, noch halb schlaftrunken).
Wer ist's? — was wollt's? Ich bin nicht
Schuld!

Cilli. Aber so komm' doch zu Dir! Ich
bin's.

Hans (erleichtert, sich vollends erhellend). Ah
Du — Du, mein guter Schutzengel!

Cilli. Red' jetzt nicht viel! Mach' Dich
auf! Du mußt fort!

Hans (schmerzlich). Fort? von Dir fort?
mir ist's, als ob mir das gar nicht mehr
möglich wär'! Ist mir doch, seitdem ich
Dich g'seh'n, als könnt' ich nur mehr bei
Dir Ruh' finden, und vielleicht doch noch
glücklich werden!

Cilli (finster). Ich hab Dir's gestern schon g'sagt, Du sollst solche Reden sein lassen! Bei mir verfangen's nicht mehr!

Hans. Ich glaub's nit, Mädel, daß dein Herz schon gar so verhärt' sein soll, denn Alles, was Du für mich gethan — die G'fahr, der Du Dich selber ausg'setzt, die Art, wie Du mich behandelt und mit mir g'redt hast, — das war --

Cilli (unwillig). Mitleid mit ein' Verwundten — weiter nichts! Und vielleicht war sogar das unrecht! Vielleicht hab' ich Einem Schutz geben, der's gar nicht verdient!

Hans (treuherzig). Dirn! Schau' mir in's Aug'! ich bitt' Dich — schau' mir nur in's Aug'!

Cilli (ihn nur von der Seite finster anblickend). Na — was soll's damit?

Hans. In' Augen, sagt man, liegt b' Seel' in' Augen kann man lesen! Schau mich an und sag': Kannst Du mich für ein Bösewicht halten?

Cilli. Für ein g'mein' Verbrecher nicht, aber Du kannst auf ein' and're Art g'fährlich sein — Du hast mir doch selber g'sagt, daß b' jahrlang unter den Wälschen warst — Warum hast Dich dann jetzt doch wieder hertraut?

Hans. Du weißt, daß ich a Tiroler bin, und fragst, warum's mich wieder daher — in meine Berg' zogen hat? Und dann wollt' ich auch erfahren, ob der eine Mensch noch lebt, ob er noch in der Gegend ist? Ob — der das Geheimniß bewahrt hat, oder ob's auch Andre wissen?

Cilli. So red' — mir kannst Alles sagen — ich verrath' Dich nicht!

Hans (vertrauungsvoll). Nein! Du verrathest mich nicht — Du nicht! — denn, g'steh' mir's nur, Du nimmst doch an mir mehr Antheil. —

Cilli (wieder unwillig). Bild' Dir nichts ein! Ein' Auskunft will ich Dir geben, wenn's vielleicht zu deiner Ruh' beitragen

kann, aber dann sag' ich Dir „B'hüt Gott! auf immer!" und Du gehst!

Hans (traurig). Gehen soll ich — und Dich nie — nie mehr sehen —?

Cilli (zu Boden blickend und sich halb verrathend). 's ist besser für uns Alle zwei!

Hans (feuriger). Aber Cilli, wenn Alles so käm', daß ich bleiben dürft', — o mein' Gott! Da — in deiner Näh' bleiben! — Meinst denn, daß ich nicht Alles aufbietet, nur vielleicht doch einmal, und wär's nach Jahren — zu Dir sagen z' können: Komm, sei mein für immer!

Cilli. Kein Wort weiter von dem! Das ist Dir nicht möglich, und kein' Andern! Ich hab's g'lobt, und wer mein G'löbens halten! Also keine solche Red' mehr, wenn ich Dich weiter anhören soll! Red' von deiner Sach' —!

Hans. No gut! — ich will Dir Alles sagen —

Neunte Scene.

Vorige. Sabine.

Sabine (tritt haftig durch die Mitte herein, bleibt, Hans erblickend, wie festgebannt stehen und ruft laut aus). Gott im Himmel!

Hans. Cilli (sich erschrocken umsehend). Was ist?!

Cilli (Sabinen gewahrend, etwas beruhigter). Du bist's, Sabin!? Aber was stehst da, als ob Dich der Blitz blend't hät'?

Sabine (noch kaum der Sprache mächtig). Du — Du bist — wirklich nicht allein? Und er (eilt zu Hans vorwärts und sieht ihm in's Auge). Sag': Heißt Du der Volker-Hans?

Hans (erschreckt). Wer hat Dir den Namen g'sagt?

Sabine (immer dringender). Sag' mir nur das Einzige: bist Du's?

Hans (zögert).

Sabine. Red', red'! Sie werden bald da sein!

Cilli. Hans. Wer — wer?

Sabine (zu Cilli). Dein Vetter und — der Sepp —!

Hans (zusammenschreckend). Der Sepp — der Holzhändler?

Sabine (sieht ihn erstaunt an). Ja — der! — Kennst ihn?

Hans (fast dem Umsinken nahe, sich an der Platte des Tisches haltend, mit tonloser Stimme). Ja! — aber — was sucht der dahier?

Sabine. Dich — Dich — und dein End' ist's, wann er Dich findet!

Cilli (zu Sabine). Aber wie hast Du erfahren —?

Sabine. Ich hab' grad' in's Thal hinunter wollen — da hör' ich's seitwärt's im Gebüsch' rascheln — ich guck durch die Zweig' — da seh' ich den Sepp, der grad' sein Stutzen lad't und (zu Sabine) dein Vettern — sie hab'n still mit einand' g'red't, — Alles hab' ich nit hören können, nur das Eine — wie der Sepp g'sagt hat: »Die Kugel g'hört für'n Volker-Hans, wann ich 'n bei der Cilli treff'!« — Mir ist's eiskalt über'n Buckel g'loffen und wie die zwei Männer wieder langsam vorwärtsgangen sein, — bin ich umkehrt, — g'schwind wie a Gam's durch's Dickicht — damit ich ihnen den Weg abgewinn' — daher zu Dir — und da —

Hans (sich wieder ermannend). Da siehst Du wirklich den, den's suchen!

Sabine. Cilli (entsetzt). Wirklich?! Nur fort! fort!

Hans (mit der Entschlossenheit der Verzweiflung). Nein! ich bleib'!

Cilli (wie oben). Du willst — bleiben?

Hans. Ja — denn jetzt ist mir Alles klar — ich erinner' mich aus vergangener Zeit, daß der Sepp mir oft von einer Sennerin vorfantasirt hat, die sein werden sollt', und wenn er sich dem Teufel verschreiben müßt! Die Sennerin bist Du — und er — er ist wohl jetzt dein Bräutigam?

Cilli (mit steigender Angst). Nein — nein! ich schwör' Dir's, so wahr Gott im Himmel ist! Und er soll Dich auch nicht finden — wenn ich nur wüßt — (Sieht sich ängstlich in der Stube um.)

Sabine (hastig zu Cilli). Schau', daß b' ihn wo sicher verstecken kannst — ich — ich will indeß hinaus, und wenn ich's näher kommen hör', sag' ich Dir's! (Eilt durch die Mitte ab.)

Cilli (angstvoll überlegend). Im Stall? Auf dem Boden? Nein! das nutzet nichts, sie werden Alles durchsuchen — aber (plötzlich von einem Gedanken durchzuckt) ja! da — da allein finden's Dich nicht! (Sie eilt zum Tische und rückt denselben zur Seite.)

Hans. Was ist dahier?

Cilli (mit fliegender Stimme). Ich hab' selber erst vor a paar Tagen bemerkt, daß dahier — unter'm Tisch die Bretter z'heben sein, und daß d'unten a Kellerwölbung ist, — das weiß Niemand — nicht einmal mein Vetter, der erst im Frühjahr die Alm mitsammt den Hütten kauft hat — da — da steig' hinunter! (Sie hebt eine Fallthür am Boden auf.)

Hans. Cilli! Eins sag' mir früher — liegt Dir doch was d'ran, daß ich mein Leben rett'? (Faßt ihre Hand und sieht ihr in's Auge.)

Cilli (bemüht, ihre Hand loszumachen, verwirrt). Mein Gott! was fragst Du jetzt n n das?

Hans. Ja, das will, das muß ich wissen, sonst will ich nicht mehr leben!

Sabine (öffnet die Mittelthür nur ein wenig und steckt den Kopf herein, mit ängstlicher Hast). Sie sein aus'n Wald g'treten — kommen die Matten heran! (Zieht den Kopf wieder zurück.)

Cilli (zu Hans). Hörst! hörst! In der nächsten Minuten können's da sein! (Will ihn gegen die Fallthür drängen). Hinunter! ich bitt' Dich um Gottes willen!

Hans (sie mit seinem Arm umschlingend, dringender). Das Wort! das eine Wort! Cilli! hast Du mich lieb?

Cilli (kaum hörbar). Ja!

Hans (freudig aufathmend). Ja?! ja?! O gelt' Dir Gott das Wort! Wie a Himmelsthau fallt's in mei' verschmachtete Seel'! Jetzt will ich leben — jetzt an mei' Rettung denken!

Eilli (wie oben). Fort, fort!

Haus. Ja, ich geb' den Weg, den Du mir zeigst, Du, mein Engel — mein Alles! (Zieht sie an sich, küßt sie und eilt dann die Stufen in das Kellergewölbe hinab.)

Eilli (läßt die Fallthür niedersinken und bleibt dann, gleichsam mit sich selbst zerfallen, eine Weile laut- und regungslos stehen, endlich im Tone des Selbstvorwurfes). Ich — ich hab' ihm g'sagt, daß ich ihn lieb' und — (beide Hände an ihr Herz pressend) da — ba spür' ich's — 's ist wahr! (Von der Erinnerung erschreckt, aufschreiend.) Gotthard! — Mein Schwur an dein'm Grab! Ich — ich hab' ihn g'brochen! (Schlägt beide Hände vor's Gesicht, weinend.) O mein Gott! mein Gott! warum hast Du den Menschen just in meine Hütten g'führt? (Sinkt in die Knie.)

Sabine (eilt zur Thür herein). Sie kommen! Ist er fort — in Sicherheit?

Eilli (rasch aufstehend). Ja, ja, g'schwind! Hilf mir den Tisch wieder herstellen! (Sie und Sabine thun es.) Ach — ich — ich kann mich kaum auf den Füßen erhalten!

Sabine. Ja — Du bist blaß — zitterst am ganzen Leib'! — Du verrathst Dich am End'! 's Beste ist, Du setzt Dich daher. (Führt Eilli zum Bette.)

Eilli (läßt sich erschöpft nieder).

Sabine. Sag', Dir wär' nicht gut, und Du hätt'st deswegen um mich g'schickt! (Aufhorchend.) Still! sie sein schon da! (Setzt sich auf einen Stuhl neben dem Bette.)

Zehnte Scene.

Vorige. Sepp, Rampinger.

Sepp (eine Flinte in der Hand, tritt mit Rampinger durch die Mitte ein, leise zu diesem). Mach's nur so, wie ich Dir's g'sagt hab'.

Ramp. (nickt, ihm zustimmend mit dem Kopfe, dann laut). Eilli! wo bist denn? (Er-

blickt sie und Sabine, verwundert.) Da auf dem Bett — und (zu Sabine) Du da?

Sabine (aufstehend, scheinbar ganz unbefangen). Ja — der Armen ist recht übel!

Ramp. Was? übel? (Tritt zur Eilli.) Was ist Dir denn?

Eilli (sich matt erhebend). Ich — heut' Nacht, der Sepp hat mir so ein' Schrecken g'macht.

Sabine. Da hat's heut' Fruh so g'habert, und hat den Gasbuben zu mir hinüberg'schickt, daß ich ihr beistehen soll — na — und deswegen bin ich da!

Ramp. (zu Sabine). Na, das ist ja recht schön von Dir — aber jetzt bin ich da, und b'rum kannst schon wieder heimgehen, daß Dir d'Arbeit nicht liegen bleibt!

Sabine (zögernd). Na — wann's meint's — daß 's mich nimmer braucht's — so — so geh' ich — aber (sich gegen Eilli wendend) ich schau' schon später wieder nach — wie's Dir geht! (Leise zu Eilli.) Nimm' Dich z'samm' — verrath' Dich nicht! (Laut.) B'hüt Gott, Rampinger! B'hüt Gott, Sepp! (Ab durch die Mitte.)

Ramp. (zu Eilli). 's war recht g'scheit, daß D'um d'Bin' g'schickt hast, denn wenn Ein' so was zustoßt, und (sie scharf fixirend) man so allein in einer Sennhütten is — benn Du — Du warst doch allein?

Eilli. Ja, benn der, dem ich aus Barmherzigkeit Unterstand geben hab', den (mit einem finstern Blick auf Sepp) hat ja — der fortg'führt —

Ramp. Und hat sich dabei a bißl unmanierlich benommen. — Na — er sieht sein Unrecht ein, und ist deswegen mit mir gangen, um Dir's abz'bitten!

Eilli. Ich scheu' ihm's! Aber, Vetter! Was führt denn Dich heut' herauf?

Ramp. Na — weißt ja — daß jetzt bald die Zeit kommt, wo wir 's Vieh von der Alm heruntertreiben, da will ich nachschauen (sie wieder fixirend) im Stall —

Eilli. Na — so schau halt nach — im Stall!

Ramp. Und was noch für Futtervorrath, da ist (wie oben) am Boden!

Cilli Na — so schau' halt nach — am Boden!

Ramp. (sieht sie prüfend an, schüttelt den Kopf, dann leise zu Sepp). Sie verrath' gar kein' Angst!

Sepp (leise). Laß' mich nur allein mit ihr.

Ramp. (laut). So geh' ich z'erst in' Stall. (Zu Sepp.) Mach' Du derweil dein' Sach' ab mit der Cilli! (Betrachtet im Abgehen nochmals Cilli, dabei für sich sprechend.) So ganz richtig kommt's mir doch nit vor — so ganz richtig nit! (Ab in die Seitenthür.)

Sepp (tritt näher an Cilli und hält ihr die Hand hin). Bist noch harb auf mich — Cilli?

Cilli. Ich hab' Dir schon g'sagt, ich schenk' Dir die Abbitt'! Und wann'st nichts Anders heroben wollen hast, so kannst wieder geh'n! (Setzt sich an den Tisch und stützt das Haupt in die aufgestemmte Hand.)

Sepp. Nein — ich bleib' — denn jetzt, wo wir allein sein, kann ich Dir was sagen, was Dir g'wiß nah' geh'n wird!

Cilli. Du — mir? — Und das wär' —?

Sepp. (nimmt sich auch einen Stuhl, setzt sich rittlings darauf und kreuzt seine Arme über die Lehne). Hör' mich gut an! — Was Du gestern — weißt — wie wir Dich Abends beim Gotthard sein Grab troffen haben —

Cilli (zusammenschaudernd). Beim Gotthard sein Grab! Erinner' mich nicht daran!

Sepp. Ich muß wohl, weil mir das, was Du uns dort g'sagt hast, nicht aus 'n Sinn g'angen ist! Du hast g'sagt, Du glaubst, daß der Gotthard nicht bloß durch ein Unglück sein End' g'funden hat!

Cilli. Laß' die Todten ruh'n.

Sepp. Ja, Du hast g'sagt, was g'schehen müßt, damit der Todte sei Ruh' im Grab find'! Und deswegen hab' ich halt Nachfrag' g'halten, und hab' wirklich ein Burschen g'funden, der mir, bei ein' Glas Wein — die Wahrheit beicht't hat!

Cilli (aufmerksam werdend). Die Wahrheit und die ist —?

Sepp. Das — was Du vermuth' hast! — Der Gotthard ist wirklich erschlagen worden.

Cilli (vom Sitze in die Höhe fahrend). Wirklich? — wirklich? — Und wer — kann's bezeugen?

Sepp. Der — der's g'sehen hat!

Cilli. Und der — der hat den Mörder laufen lassen? hat ihn nicht aug'halten?

Sepp. Mein Gott! damals hat ihn halt selber d' Angst packt — in der finstern Nacht hat er ah nit ausnehmen können, wer's ist!

Cilli. Er weiß nicht wer's ist? — Was nutzt mir dann sei ganze Aussag'? — Was er sagt, das ist schon lang in mir fest'g'standen, aber (mit wilder Heftigkeit) haben muß ich den Mörder — ihn seiner g'rechten Straf' übergeben, dann erst fühl' ich mich wieder frei!

Sepp. Und wie — wann man jetzt doch a Spur hätt'?

Cilli. A Spur? was für eine? Red' — red'!

Sepp (immer ganz ruhig). Na, der Ruprecht hat gestern früh ein' Mann an dem Grab knien und später ein' Kranz an's Kreuz hängen sehen.

Cilli. Ha! den Kranz — ich hab' ihn g'funden, wie ich — so wie alle Jahre an dem Tag mein'n Kranz aufg'hängt hab'!

Sepp. Siehst es! — Zu was Dich dein' Lieb' treibt, dazu hat wohl den die Reu' und 's G'wissen trieben!

Cilli. Und man hat ihn nicht fest'g'nommen — nicht dem G'richt übergeben?

Sepp. Hm! wegen dem, daß einer bet' und ein Kranz aufhängt, kann man ihn doch nicht fassen! Später freilich hat er sich verdächtiger zeigt —

Cilli. Also, — man hat ihn nochmals g'sehen?

Sepp. Ja — in die Berg', in die Wälder ist er herum'g'strichen —

Cilli. In die Berg'? in die Wälder?!

Sepp. Sie haben nach ih'm g'feuert —

Cilli (mit furchtbarer Ahnung). Nach ihm g'feuert?

Sepp. Ha! ha! Und das Wild war richtig aug'schossen und hat g'schweißt — man ist der Fährt' nachgangen — und was glaubst, wohin die geführt hat?

Cilli (fast athemlos). Wohin? Wohin?!

Sepp (aufspringend, den Stuhl bei Seite stoßend und mit Donnerstimme). Daher! in dein' Hütten!

Cilli (stößt einen fürchterlichen Schrei aus und stürzt ohnmächtig zusammen).

Sepp (triumphirend). Ha! der Schrei! die Ohnmacht — sein das beste G'ständniß!

Eilfte Scene.

Vorige Rampinger.

Ramp. (eilt aus der Seitenthür heraus) Was ist g'schehen? (Erblickt Cilli und eilt zu ihr, bemüht, sie aufzurichten.) Cilli! Cilli!

Cilli (richtet sich, von Rampinger unterstützt, auf, sieht ihn und Sepp mit starren Blicken an — fährt sich dann, wie um ihre Besinnung zurückzurufen, mit den Händen über Stirn und Augen, dann sich plötzlich des Geschehenen erinnernd stößt sie einen lauten Schrei aus und eilt mit flammender Wuth gegen den Vordergrund, Alle um sich her vergessend). Ha! Ha! — er hat — den Gotthard erschlagen! und mich — mich so bethört, daß ich — ihm z'Lieb' mein' Schwur brochen hab' — ich hab' ihm — ihm — mein' Lieb'! — o könnt' ich mir das Herz aus dem Leib reißen, weil's nur ein' Augenblick für das Ungeheuer g'schlagen hat! — O, daß er mich dahin gebracht hat, das ist seine zweite Missethat! Aber Rach'! Rach'! —

Sepp (zu ihr vortretend). Ich biet' Dir mein' Hand dazu! — Sag'! ist er noch da — ?

Cilli. Ja — und Ihr — Ihr sollt ihn haben! (Eilt gegen den Tisch, den sie mit einem gewaltigen Ruck bei Seite schiebt.) Da ist eine Fallthür — und unter ihr ist er! (Will die Thür öffnen.)

Sepp. Halt! — gegen den Burschen ist Vorsicht nöthig! (Zieht ein Pfeifchen hervor und thut einen gellenden Pfiff.)

Zwölfte Scene.

Vorige — Arthausen — Martin — bewaffnete Bursche (eilen zur Mittel- und Seitenthür herein).

Sepp (ihnen entgegengehend, mit gedämpfter Stimme). Wir haben ihn! (Auf Cilli weisend.) Sie selber wird ihn dort herauslocken, und, sobald ihr nur sein Kopf seht — keine langen Umständ'! schießt ihn nieder!

Die Bursche (machen ihre Flinten schußfertig).

Cilli (rasch in die Mitte der Bühne tretend). Nein! nein! das beding' ich! Lebendig muß er vor's Gericht gestellt werden! Nicht wir, das Gericht soll über ihn urtheilen — das Gericht ihn strafen nach dem G'setz!

Arth. (zu Cilli). Du hast Recht! Auch können seine Aussagen für uns von Wichtigkeit sein! Haltet Euch bereit ihn zu ergreifen und zu binden, und Du — (zu Cilli) öffne!

Cilli (zu den Anwesenden). Tret's zuruck — ich will die Fallthür aufmachen, — er wird heraufkommen, wenn er nur mich sieht!

Alle (treten mehr gegen den Hintergrund).

Cilli (öffnet die Fallthür).

Dreizehnte Scene.

Vorige. Hans.

Hans (erscheint zuerst nur mit halbem Leibe auf den Stufen des Kellers, so daß er nur Cilli gewahrt, während die Uebrigen durch die offen gehaltene Fallthür anfangs seinen Blicken entgegen sind). Sein's schon wieder fort?

Cilli (mit abgewandtem Gesichte). Komm herauf!

Hans (eilt vollends die Stufen hinauf —

oben angelangt erblickt er die Bewaffneten — zu=
rücktaumelnd). Was ist das?!

Cilli (läßt schnell die Fallthür wieder zu=
fallen).

Hans. Die Leut' und (zu Cilli) Du,
Du rufst mich herauf? — Du hast mich
verrathen und verkauft!!

Sepp (zu Hans tretend). Gib Dich! wi=
bersetz' Dich nicht! Du siehst (auf die Be=
waffneten weisend), es nutzt Dir nichts!

Hans (trotzig). Das käm' erst d'rauf an!
Aber nein! nein! ich wehr' mich nicht!
bindt's mich — fesselt's mich. Da — da
sein meine Händ'! (Streckt ihnen beide Hände
entgegen.) Macht mit mir, was Ihr wollt's,
führt's mich hinaus! erschießt's mich gleich!
Mir um so lieber, denn (schmerzlich) sie, sie
hat mich verrathen!

Cilli (steht indeß regungslos).

Einige Bursche (sind zu Hans getreten
und binden seine Hände).

Arth. Nun fort mit ihm — vor der
Hand auf mein Schloß!

Hans (will mit den Burschen fort. bleibt
aber vor Cilli stehen). Dirn'! Du hast g'sagt,
Du willst ledig bleiben! Thu's — thu's —
ja! mach' Kein' mehr unglücklich — Du
grundschlechte Seel'!

Cilli (aus ihrer Starrheit erwachend. springt
auf ihn los und faßt ihn am Arm). So willst
Du reden? G'schieht Dir was Anders, als
Du verdienst? (Ihm das folgende Wort in's
Antlitz schleudernd.) Du — Mörder!

Hans (zuckt schmerzvoll zusammen und läßt
das Haupt sinken).

Cilli. Ha! Du kannst nicht nein sagen.
Du bist's, der mein' Gotthard erschlagen,
der mein ganzes Glück zernicht' — mir den
Brautkranz aus den Haaren g'rissen hat —
und jetzt hast g'meint, Du machst das gut,
wenn Du ein' Kranz an sein Grabkreuz
hängst? Nein! Blut will wieder Blut —
aber kein' ehrliche Tiroler Kugel soll Dich
treffen, Du g'hörst auf's Schaffot und
Dein Kopf dem Scharfrichter! Mach' mit
unserm Herrgott aus, was kommt, wir
Zwei sein fertig, und ich — ich bin stolz

d'rauf, daß ich Dich ausg'liefert hab'! (Zu
den Burschen). Geht's, geht's. Die G'rechtig=
keit soll ihr Opfer haben!

Schlußgruppe.

(Der Vorhang fällt.)

Dritter Act.

(Das Innere einer halbverfallenen Köhlerhütte aus
Baumstämmen und Bretern. von welchen in der
Hinterwand viele gänzlich losgelöst sind, zusam=
mengezimmert; nur die Seitenwand rechts ist aus
rohen Felssteinen gemauert, in dieser befindet sich
eine Thür mit eisernem Schlosse, in welcher ganz
oben eine kleine Oeffnung angebracht ist. Neben
der Seitenthür ein alter Tisch — unter dem=
selben mehrere Holz- und Reisigbündel. In der
Mitte der Rückwand eine breite, offenstehende
Thür; sowohl durch diese, als durch die schadhaften
Stellen der Bretterwand sieht man in den Wald
und durch die Bäume den von einer fernen Feuers=
brunst gerötheten Himmel. In einer Ecke der Hütte
steht ein Steinkrug. Beim Aufziehen des Vor=
hanges hört man aus ziemlich weiter Entfernung
die Sturmglocke läuten.)

Erste Scene.

Cajetan. Marthe. Vronl. Regine.
Mehrere andere Weiber und Kinder.

Cajetan (kniet in der Mitte der Bühne,
die Hände zum Gebet gefaltet).

Marthe, Vronl und mehrere Weiber
(sitzen und knieen, ihre Kinder ängstlich an sich
drückend, rings umher).

Regine und andere Weiber (kommen noch,
Bündel mit Wäsche und Hausgeräthschaften
tragend, fliehend links vom Walde, und eilen durch
den Mitteleingang herein).

Cajetan (jammernd). Herr im Himmel,
hilf mir nur dießmal. (Fährt zusammen.) Ha!
das war geschossen!

Regine (hereineilend). Der Brand nimmt immer mehr zu!

Marthe (rafft sich mit Ihrem Kinde auf). Wir müssen noch weiter hinauf gegen die Bergspitz'!

Andere Weiber. Ja — ja! Weiter hinauf! (Wollen sich entfernen.)

Cajetan (springt auf und hält einige zurück). Nein, nein! Bleibt! Laßt mich nicht allein!

Bronl. So komm' mit!

Cajetan. Ich kann nicht! Der Schreck hat all' meine Gliedmaßen mit Beschlag belegt! (Jammernd.) Weibsleute! Um Gottes willen! Bleibt da zu meinem Schutz!

Marthe. Aber wenn's vordringen, kommen's just daher!

Bronl (ängstlich aufhorchend). Ha! Ich hör' Männerstimmen vom Walde her!

Cajetan (aufschreiend). Ah! Sie kommen! (Sinkt wieder in die Knie.) Sie sein da! (Verhält sich das Gesicht mit beiden Händen.)

Zweite Scene.

Vorige. Arthausen. Sepp. Martin. Mehrere Burschen.

Arth. (mit den Andern durch die Mitte hereineilend). Hier sind Leute! Von ihnen können wir erfahren —

Cajetan. Nicht schießen! Nur nicht schießen!

Arth. (zu seinen Begleitern). Ah — mein Neffe auch hier! (Tritt vollends ein und zu Cajetan vor, indem er ihn an der Schulter faßt.)

Cajetan (aufschreiend). Gnade! Pardon! Ich bin nicht von hier! — Bin kein Feind! Evviva l'Italia!

Arth. (ihn derb rüttelnd). Donnerwetter! Junge!

Cajetan (etwas beruhigter). Deutsch? Bekannte Stimme? (Zieht die Hände vom Gesichte weg, Arthausen erblickend und freudig aufspringend.) Ah — der Herr Onkel!

Arth. (entrüstet). Pfui! Hier mitten unter Weibern treff' ich Dich?

Cajetan. Was kann ich dafür, daß nicht ein einziger Mann da war?

Arth. (zu den Weibern). Ihr seid auf der Flucht? — Woher? — Was ist vorgefallen?

Cajetan (zu Arthausen). Was? Sie wissen noch gar nicht? Ha! Schreckliche Geschichten! Grauenvoll! Coiffuresträubend! Firmamentschreiend!

Arth. Aber was denn? Wir sahen, vom Berge herabkommend, am Himmel die Röthe —

Cajetan. Ja, diese Röthe kommt daher, weil dort so viele Rothe sind!

Arth. Das wäl'sche Raubgesindel?

Cajetan (sich ängstlich umsehend). Nur nicht gleich so beleidigende Worte! Sie könnten's hören! — Besser, auf höfliche Weise mit ihnen unterhandeln!

Arth. Unterhandeln? (Seine Büchse von der Schulter reißend.) Ja — mit dem Stutzen in der Hand! Doch — (zu den Weibern) berichtet schnell! Woher seid Ihr?

Regine. Vom Gebirgspaß — zwei Stund' weit von da!

Cajetan (zu Arthausen). Zwei Stund'? — Da sind sie nicht weit her!

Arth. (zu Cajetan). Schweige! (Zu Regine.) Weiter! weiter!

Regine. Heut' Früh sein Holzschlager aus unserm Dorf im Wald an b'Arbeit — die seh'n auf einmal wildfremde Kerls mit Gewehr' und Säbeln durch's Buschwerk bringen — da sein's z'ruck — haben im Ort Lärm g'schlagen!

Marthe. Unsere Männer haben sich gleich alle aufg'macht — den Räubern entgegen. —

Bronl. Aber uns haben's g'sagt, wir sollen mit den Kindern und Allem, was wir in der Eil' z'sammpacken können, weiter herein in's Land. —

Regine. Aber kaum waren wir a halbe Stund' weit weg, so haben wir die Rauchsäulen aufsteigen sehen — unser Dorf brennt!

Cajetan (angstvoll hin- und herrennend)-

Sie zünden die Berge an! Sie wollen uns Alle braten! — Ich sehe mich schon am Spieß!

Arth. (zu seinen Begleitern). Ja, nun wird's Ernst! — Wir dürfen keinen Augenblick zögern —

Cajetan. Nein! Rennen was wir können! Die Losung ist: »Sauve, qui peut!«

Arth. (ohne Cajetan zu beachten, zu Sepp). Wo bleiben nur unsere Genossen?

Sepp (gegen den Hintergrund rechts sehend). Da kommen's langsam den Bergweg herunter — sie schleppen sich mit dem Gefangenen ab — der Kerl kann ja kaum mehr kriechen!

Arth. (ebenfalls gegen den Hintergrund hinausrufend). Hieher! hieher — Alle!

Dritte Scene.

Vorige. Ein Trupp Burschen voran, dann Rampinger, Hans, Ruprecht, Andres, Mathes, zum Schlusse wieder Burschen (kommen von rechts in die Hütte)

Arth. (zu den Kommenden). Es ist jetzt nicht mehr Zeit, den Weg nach dem Schlosse einzuschlagen — wir müssen dorthin, wohin die Gefahr uns ruft! (Gegen den Hintergrund links weisend.)

Cajetan (für sich) Die Gefahr? — Die ruft mir lange gut!

Ramp. (neben Hans). Aber was fangen wir denn mit dem armen Teufel an? (Auf Hans weisend.)

Sepp. Durch den werden wir uns doch nicht aufhalten lassen! — A Kugel vor den Kopf, und er genirt uns nit mehr!

Ramp. (Sepp mit mißtrauischem Blicke messend). Hörst, Sepp, Du hast es ja g'waltig eilig!

Sepp (durch Rampinger's Blick etwas eingeschüchtert). Was schaut mich denn der Alte so an?

Arth. (auf Hans weisend). Den lassen wir hier zurück. Hier ist ein Anbau aus festem Gestein! (Geht zur Seitenthür und öffnet dieselbe, hineinsehend.) Eine niedere Kammer ohne Fenster — (die Thür prüfend) die Thür aus starken Eichenbohlen — hier können wir ihn sicher unterbringen. (Zu den Weibern.) Ihr aber nehmt eure Kinder und euer Habe — auf meinem Schloß' sollt Ihr Unterkunft finden!

Regine. Vergelt's Gott! (Zu den andern Weibern.) Kommt's! Machen wir uns gleich auf den Weg!

Sämmtliche Weiber (nehmen ihre Kinder wieder auf die Arme, raffen ihre Bündel auf, und eilen nach dem Hintergrunde ab).

Arth. Doch nun laßt uns schnell das Nöthige anordnen! Wir werfen uns dem Feinde entgegen!

Cajetan. Dem Feind' entgegenwerfen? — Ich mich selbst? — Nein, so wegwerfend behandle ich mich nicht! Dazu habe ich zu viel Achtung vor mir!

Arth. (zu Cajetan). Schweig! (Zu den Uebrigen.) Doch kennen wir die Stärke unserer Gegner nicht — sie sind uns vielleicht an Zahl überlegen!

Cajetan. Das ist's! Und darum lieber gar nicht anfangen! Geh'n wir ihnen aus dem Wege — der Gescheitere gibt nach!

Arth. Still! (Zu den Uebrigen.) Im nahen Bergstädtchen liegt Militär — dieß rufen wir herbei! (Zieht ein Portefeuille heraus, und schreibt mit dem Bleistifte rasch einige Zeilen auf ein Blatt, dabei sprechend.) Einer von Euch setzt sich zu Pferde!

Cajetan. Aber ein Anderer als ich! Ich sitze nicht auf!

Arth. (reißt das Blatt heraus). Dieß an den Commandanten!

Andres (zu Arthausen). Gib' mir's — mein Hof ist in der Näh', und mein Füchsel fliegt wie a Schwalb'n!

Arth. Nun wohl! (Gibt ihm das Blatt.) Sei Du der Wegweiser der Truppe — führe sie auf dem kürzesten Weg uns nach!

Andres. Gut — ganz gut! (Eilt nach dem Hintergrunde rechts ab.)

Arth. (sich zu Hans wendend). Nun aber

3

höre Du mein letztes Wort! — Ueber das Verbrechen, dessen die Sennerin Dich anklagt, wird Dich das Gericht vernehmen, an uns ist's aber zu erforschen, ob Du jetzt im Solde der Feinde deines Vaterlandes Dich wieder hieher gewagt hast? Dein offenes Geständniß könnte uns nützen, und deine Strafe vielleicht mildern! Also sprich!

Hans (gänzlich zusammengebrochen). Herr! Wenn ich von all' dem, was jetzt vorgeht, was wußt — weiß Gott! ich saget's, denn lieber wär's mir, wenn ich als Spion gleich da vor Euch erschossen wurd' — als daß — — —

Arth. Was bewog Dich also, in dieß Land zurückzukehren?

Hans. Ich will Alles sagen, wie's ist. Wie ich vor fünf Jahren hinüber in's Wäl'sche g'flücht bin, hab' ich mich als Knecht in einer Seidenfabrik verdingt. Jetzt wollt' mein Herr a Partie Waaren an ein' Verwandten von ihm schicken, der schon seit langer Zeit Kaufmann in ein' Tiroler Städtl ist — mich hat er dazu bestimmt, und ich — ich bin gern g'augen, weil's mich so schon all'weil drängt hat, einmal wieder mei' Heimat z'sehn!

Arth. (den Plan, welcher in Hans' Bündel gefunden wurde, hervorziehend und ihm entgegenhaltend). Kennst Du dieß Papier?

Hans. Ja — das ist von mir!

Arth. Es ist ein Plan der ganzen Gebirgsgegend!

Hans. A Plan? — Ich selber hab' mir auf dem Papier die Weg' aufzeichnet, die ich einschlagen muß, um z'nächst zum Ziel zu kommen.

Arth. Und hättest Du keine besondere Botschaft an den Verwandten deines Herrn überbringen sollen?

Hans. Nein! — Ich sollt' ihm die Waar' übergeben, und — (sich plötzlich besinnend) halt! — ja — ein'n Brief, der wohl was Wichtiges enthalten muß.

Alle (näher tretend). Ein Brief?

Arth. (haftig) Wo ist er?

Hans. Mein Herr hat mir aufgeboten, ja auf ihn Acht zu geben. — D'rum hab' ich ihn da in mein Leibel eing'naht!

Cajetan. Eingenäht? Ha! da ist's also auf eine Lostrennung abgesehen.

Hans (ruhig). Ihr seht, ich sag' Euch mehr, als um was Ihr mich fragt!

Arth. Wir müssen den Inhalt dieses Briefes kennen lernen. (Hat ein kleines Messerchen hervorgezogen, tritt zu Hans und befühlt dessen Leibchen). Ah! — hier fühl' ich das Papier. (Trennt rasch eine Naht und zieht daraus einen Brief heraus.) Hier ist der Brief.

Hans. Ja, der ist's! was d'rin steht, weiß ich nicht.

Arth. (erbricht rasch den Brief, und durchliest ihn, dann enttäuscht). Ein gewöhnlicher Geschäftsbrief! und — (wieder mißtrauisch) den nutztest Du so sorgsam verbergen?

Hans. Mein Herr hat's so wollen.

Arth. (legt den Brief offen auf den alten Tisch neben der Seitenthür, dann wieder zu Hans tretend und ihn befühlend). Laß' sehen, ob nicht vielleicht noch andere Papiere — —

Vierte Scene.

Vorige. Ambrosius.

Ambrosius (ein Baarfüßermönch mit schneeweißem Haar und Bart, kommt auf einen Stab gestützt in angstvoller Eile vom Hintergrunde links in die Hütte). Männer! verweilt nicht länger hier!

Alle (ihn erblickend). Der alt' Ambros! (Ziehen ehrfurchtsvoll die Hüte ab.)

Ambr. Eilt zur Rettung! Der Brand wächst, ich war in der kleinen Waldcapelle, deren Dienst ich versehe, nicht mehr sicher, und mußte fliehen.

Arth. (zu den Bewaffneten). Wir haben schon zu lang gesäumt! Rasch hin! Bringt den (auf Hans weisend) in sichere Gewahr! Einige von Euch bleiben zu seiner Bewachung zurück!

Cajetan. Zurückbleiben? Ah! darin
leiſte ich Außerordentliches! (Vortretend.) Ich
melde mich freiwillig für dieſen gefährlichen
Poſten. Der Riegel iſt doch feſt? (Beſieht
das Schloß an der Seitenthür.)

Arth. (verächtlich zu Cajetan). Ja dazu
biſt Du noch am beſten zu verwenden. Bleib'
alſo hier! Und Ihr (Martin und noch einige
Burſche ihm beigeſellend) mit ihm.

Cajetan. Sehr gut! (Zu den Burſchen.)
Gebt nur gut Acht, daß mir nichts ge-
ſchieht!

Arth. (zu Hans, auf die Seitenthür weiſend).
Nur hier hinein!

Hans. Ja, aber ein' Bitt' hätt' ich noch!
Mei' letzte Stund' iſt vielleicht nicht fern,
denn mir iſt's, als ob in mein'm Innern
was zerriſſen wär'! Wenn der geiſtliche
Herr nur a Viertelſtund' ſchenken möcht',
daß ich vor ihm mein Herz erleichtern, von
ihm Troſt kriegen könnt', damit ich in mein'm
Unglück nicht an Gott verzweifel'.

Ambr. Die Bitte zu erfüllen iſt meine
Pflicht! (Zu Hans.) Komm', Du Armer!
und wenn Du gefehlt haſt, ſo lerne erken-
nen, daß es vor Gott keine Flucht gibt, als
nur zu ihm. (Geht mit Hans in die Seitenthür ab.)

Arth. (zu Cajetan und den Wachehaltenden).
Wenn der Mönch wieder fort iſt, ſchließt
die Thür und verlaßt ſie nicht, bis ich Euch
abrufen laſſe! Ihr aber (zu den Uebrigen)
folgt mir! Mit Gott in's Feuer — mit
Gott zum Sieg oder Tod! (Eilt voraus
links ab.)

Die Uebrigen (ihm folgend). D'rauf und
b'ran! mit Gott!

Sepp (iſt, ſeit Hans abgeführt worden, fin-
ſter vor ſich hinbrütend dageſtanden).

Ramp. (zu Sepp). Na — kommſt nicht
mit? Willſt vielleicht auch da Wach' halten?

Sepp. Nein! Mir ſcheint's, Wachhalten
iſt bei dem faſt überflüſſig. Du haſt ja
g'hört — er ſelber glaubt, daß's bald aus
iſt mit ihm.

Ramp. (ihn wieder ſcharf anſehend). Und
das. — das wär' Dir wohl recht?

Sepp (verwirrt). Was meinſt?

Ramp. Ich mein', daß g'rad Dir juſt
nicht paßt, wann der Hans zu einer g'richt-
lichen Ausſag' kommt.

Sepp (immer ängſtlicher). Was weißt Du?

Ramp. (näher zu Sepp tretend, eindringlich).
Ich bin neben dem Hans g'gangen, und er
hat mir auf dem Herweg erzählt, wie's eigentlich zugangen iſt, wie er daz'mal mit
dem Gotthard auf der Felswand z'ſamm'-
troffen iſt!

Sepp (wie oben). Wer — wer wird dem
glauben?

Ramp. Ich glaub' ihm — und Du —
(faßt ihn kräftig am Arm) Du wirſt auch b'ran
glauben müſſen. Aber komm'! Auf'm Weg
werd' ich Dir die G'ſchicht' erzählen, vielleicht weißt hernach, was Du z'thun haſt!
(Zieht ihn mit ſich nach dem Hintergrunde links fort.)

Cajetan (zu Martin und Mathis, welche
mit ihm zurückgeblieben ſind). 's iſt im Grund
ein ſehr gefährlicher Poſten, aber (ſich in die
Bruſt werfend) mein Onkel weiß ſeine Leute
zu wählen!

Martin (ſpöttiſch zu Cajetan). Na, mir
ſcheint, wenn der da b'rin durchbrennen
wollt', Du haltſt ihn nit auf.

Cajetan (wieder ängſtlich). Durchbrennen?
Er — er iſt ja gebunden!

Mathis. Hm! Verzweiflung zerreißt
auch eiſerne Ketten! Und — wenn er ſo
auf einmal vor Dir ſtund — —

Cajetan. Gott im Himmel! Eure
Büchſen ſind doch geladen? Gebt mir eine
für alle Fälle! (Nimmt Mathis die Büchſe aus
der Hand.) Das wird ihm doch imponiren!
(Die Flinte ſchulternd.) Ha! die Waffe macht
erſt den Mann — und ich (ſich wieder muthig
ſtellend und auf- und abmarſchirend) ich fühle
jetzt eine ganze Armee in mir!

Martin. Das iſt g'ſcheit! Da können
wir a Weil fortgeh'n!

Cajetan (ſogleich wieder ängſtlich). Nein!
nein! Wo wollt Ihr denn hin?

Martin. Na — unſere Wach' kann
vielleicht lang dauern, da müſſen wir uns

3*

doch auch was z'essen und z'trinken herbei-schaffen!

Mathis (zu Martin). Hast Recht! — b' Waldschenk' ist ja nur a halbe Stund' weit von da! (Will mit Martin fort.)

Cajetan. Eine halbe Stunde? Während der kann er mich dreißigmal umbringen. Nein! bleibt. (Angstvoll rufend.) Dableiben, sag' ich!

Martin (bereits am Ausgange, sich umwendend und lachend). Zu was denn? Bist ja a couragirter Mann! Ist a wahres Glück, daß wir Dich haben. (Zu Mathis.) Komm nur! komm'! (Beide nach rechts ab.)

Cajetan (allein, ihnen verzweifelnd nach-sehend). Sie gehen richtig fort, die Elenden! die Pflichtvergessenen! — Den Posten ver-lassen! Aber ich — ha! ich lasse sie nicht — ich verfolge sie! (Will ebenfalls fort, bleibt aber plötzlich erschreckt stehen.) Ha! wer kömmt da?

Fünfte Scene.

Cajetan. Gilli.

Gilli (kommt in finsterer Verschlossenheit, die Arme über die Brust gekreuzt, vom Hintergrunde rechts).

Cajetan (die Flinte verkehrt anschlagend). Halt! Mir nicht in die Nähe! ich schieß'! (Schreit.) Wer da?

Gilli (näher kommend). Ich bin's!

Cajetan (aufathmend). Ah! eine Dame! und — (sie nun erkennend) was seh' ich? Meine Unterstandgeberin! Sie wagen sich hieher, an den Ort der schaudervollsten Begeben-heiten?

Gilli. 's hat mich nicht länger glitten oben in meiner Hütten! — Wie's den Hans fortg'führt haben, hab' ich dem Zug a Weil nachg'schaut, aber mir ist bang worden, daß er ihnen doch entspringen könnt', d'rum bin ich nach, ich darf — ich will ihn nicht aus den Augen verlieren — nicht — bis zu sein'm letzten Seufzer! — Wo ist er jetzt?

Cajetan. Nun, da — da d'rinnen!

Gilli. Da? — da?

Cajetan. Versteht sich! Wozu stünd' ich denn sonst Schildwache, als um ihn nöthi-genfalls zu bändigen!

Gilli (ihn verächtlich anblickend). Du? — Dich blast er weg! So a Zaunschlupferl stell'n's daher, um an Geier zu verhindern, auf- und davonz'fliegen!

Cajetan (verletzt). Zaunschlupferl? — Erlaube! Zaunschlupferl! — moi?! Ich schlupfe nie Zaun — ich! — und ich ge-höre zur bewaffneten Macht — ich!

Gilli (entreißt ihm rasch die Flinte). Mir gib das Gewehr! — Kinder muß man nicht mit so was spielen lassen!

Cajetan. Aber was willst Du?

Gilli. Ich — ich werd' da Wach' halten! Und mir soll er nicht auskommen! (Stützt beide Arme auf die Flinte, und sieht finster vor sich hin.)

Cajetan (für sich). Das Mädel ist ja ein leibhaftiger Grenadier! (Laut.) Aber wofür bin denn ich jetzt da?

Gilli. Wann's Dir z'wider ist, so geh'! Ich kann Dich g'rathen!

Cajetan. Gehen? — Wäre mir im Grunde sehr angenehm, aber wohin? — Dort (gegen links weisend) engagiren sie mich vielleicht als Auto-da-fé — und dort (gegen rechts sehend) ha! — Meine Wach-cameraden — sie sind in ein Wirthshaus gegangen! — Ich stoße zu ihnen — verei-nigt wollen wir das Unglaublichste leisten! (Fllt nach rechts ab.)

Gilli (allein, immer in einem beinahe an Wahnsinn gränzenden Hinbrüten). Ja — da ist mein Platz! — Und wo er ist, will ich sein, so lang' er überhaupt ist! — Ueberall will ich ihm hinterdreinfolgen, wie sein G'wissen — wie die schwarze Rach'!

Sechste Scene.

Gilli. Ambrosius.

Ambr. (tritt wieder aus der Seitenthür, deren Riegel er schließt).

Gilli (durch das Geräusch aus ihren Gedanken

aufgeschreckt). Wer ist —? (Ambrosius erblickend.) Du da — hochwürdiger Vater?! — Du warst bei ihm —?

Ambr. Ja — er hat nur ein Wort des Trostes zur Erleichterung seiner Seele gebeten! Der Unglückliche hat mir gesagt, daß Du es warst, die ihn ausgeliefert hat!

Cilli (mit Stolz). Ja — ich hab's gethan — und ich glaub', Gott wird mir für die That Manches vergeben, was mein eigenes Gewissen druckt!

Ambr. Du hält'st das, was Du gethan, wohl für ein frommes Werk?

Cilli. Ja! — Ich hab' der Gerechtigkeit mein' Arm g'liehen!

Ambr. Der Gerechtigkeit? — Nicht ihr — sondern deiner eigenen Rachsucht zu genügen!

Cilli. Ich hab' Rach' g'schworen, und Gott — —

Ambr. (feierlich). Gott sagt: »Ich bin der Herr, und mein ist die Rache!« — Er — er allein kann gerecht richten, denn er nur liest in den Herzen — unser trübes Auge urtheilt oft nur nach dem Scheine!

Cilli (legt die Flinte weg — ihn erstaunt ansehend) Was sagst Du? — Nach dem Scheine!? (Hastig.) Wie — wie soll ich das verstehen? — Red'! — Red'! —

Ambr. (das Haupt schüttelnd). Es ist nicht meines Amtes, das, was er mir mitgetheilt, mit den Augen des weltlichen Richters zu prüfen, noch darf ich's einem Menschenohr anvertrauen! Dir aber ruf' ich zu: »Brüste Dich nicht mit einem gottgefälligen Werke, dessen Triebfeder doch nur die wilde Leidenschaft, der Durst nach Rache war! Der Herr sprach nicht: »Du sollst Dich rächen!« — sondern: »Vergebt, damit einst auch Euch vergeben werde!« (Will fort.)

Cilli (ihm angstvoll in den Weg tretend). O bleib'! Verlaß' mich nicht, nachdem Du den furchtbarsten Zweifel in mei' Brust g'worfen hast! — Wenn er nicht so schuldig — und doch der Schein gegen ihn wär' — wer könnt' ihn dann retten?

Ambr. (gen Himmel weisend). Der, vor dessen Augen es nur Wahrheit gibt, und keinen Schein! — Er wird richten! Er wird entscheiden! (Geht ab.)

Cilli (allein). Er geht —! Er laßt mich in der schrecklichen Ung'wißheit! Wenn er unschuldig wär' — und ich hätt' ihn — der sich voll Vertrauen in mein' Schutz g'flücht' hat — auf's Hochg'richt — —!! Nein!! — nein! Er muß schuldig sein! Er muß's! Ich wär' ja sonst die unglückseligste Person auf der Welt! — Ist er nicht in sich zusammengebrochen, wie ich ihm das Wort: »Mörder!« zugerufen hab'? (Wieder zweifelnd.) Und doch — der letzte Blick, den er noch auf mich g'worfen hat — so schmerzlich und doch so mild — —! — o mein Gott! — mein Gott! Laß' mich klar sehen, eh' das Aergste — (Plötzlich einen Gedanken faffend.) Ich — ich selber will mit ihm reden! (Sieht sich um.) 's ist Niemand da — wenn nicht noch wer bei ihm da d'rin ist! Ich will sehen! (Steigt auf ein an der Thür liegendes Holzbündel, so daß sie durch die obere Oeffnung der Thür hineinsehen kann, leise.) Er liegt — gebunden, wie a Schlachtthier auf dem Stren — seine Augen sein zu — aber seine Brust hebt sich — er seufzt — (Horcht.) »Wasser!« ruft er »ein Tropfen Wasser nur!« Hat man ihm denn auch die Labung versagt? (Steigt wieder herab, sieht sich um, und gewahrt einen an der andern Seite der Bühne in einer Ecke stehenden Steinkrug.) Ah —' Dort! (Eilt hin, und holt den Krug.) Der Krug ist mit frischem Wasser gefüllt! — Er soll nicht dürsten! (Geht rasch mit dem Kruge zur Seitenthür zurück und öffnet dieselbe.)

Siebente Scene.

Cilli. Hans.

(Man erblickt, nachdem die Thür geöffnet ist, Hans nahe an derselben auf einem Streuhaufen auf seiner linken Seite liegend, so daß er mit dem Gesichte gegen die Thür gerichtet ist, sein Haupt ruht bleich und matt auf der Schulter, seine Augen sind geschlossen, seine Hände noch auf den Rücken gebunden.)

Gilli (hält ihm den Krug an die Lippen und spricht mit abgewandtem Gesichte und halb erstickter Stimme). Da trink'!

Hans (trinkt gierig, öffnet dann die Augen — mit schwacher Stimme). Gott lohn's —! Wer — wer ist denn so barmherzig? (Richtet sich mühsam auf, Gilli erblickend, überrascht.) Du — Gilli! — Du bist's? Du suchst mich da auf? — Reichst mir ein' Labtrunk — Gilli, sag'! Reut's Dich vielleicht doch, daß D'so an mir g'handelt hast?

Gilli (noch immer abgewendet). Um z'bereuen müßt' ich erst wissen, daß ich Dir unrecht 'than hab'!

Hans. Und das — das willst wohl jetzt erfahren?

Gilli (flüstert). Ja! — Red'! Ich will's.

Hans. Hab' auch dafür Dank, daß D'mich anhören willst! — Du sollst dafür Alles wissen — Alles — aber (Macht eine Bewegung, stöhnt schmerzlich und sinkt wieder zurück.)

Gilli. Was ist Dir?

Hans. Ah! Sie haben meine Arm' so fest z'samm'g'schnürt — die Wunden brennt wie Feuer — der Schmerz zieht mir bis in die Brust — ich kann — kaum reden! — O! mach' mir die Strick' nur a wenig lock'rer!

Gilli (mißtrauisch). Du willst nicht mehr so fest bunden sein?

Hans. Meinst, daß ich mich dann ganz frei mach'? — O, fürcht' das nicht!

Gilli. Fürchten? — Ich hab' dort den g'ladenen Stutzen! D'rum kann ich Dir die Wohlthat g'währen! — Wart'! (Stellt den Krug weg, kniet zu ihm nieder und löst den Knoten des Strickes.) So — deine Händ' sein frei! — Aber — (Springt schnell auf und zu dem Ort, wohin sie die Flinte gestellt hatte, dieselbe ergreifend.) Machst nur ein Schritt zur Flucht, so holt Dich die Kugel ein! (Hält die Flinte zum Schuß bereit.)

Hans. Laß' mich nur aufstehen — nur die frische Luft athmen! (Richtet sich mühsam auf und tritt aus der Seitenthür.) Ah! — ich hab' g'meint, ich müßt' ersticken in der dumpfen Kammer!

Gilli (immer in strengem Tone). Vertler' jetzt ka Zeit! — B'sinn' Dich g'nau auf Alles, wie's vergangen ist — vor fünf Jahren — an der Felswand — und sag' d'Wahrheit!

Hans. Ja, wahr will ich reden, als ob ich vor unserm Herrgott stünd'! — Siehst — vor fünf Jahren, wie ich noch b'rauf, beim Roßhändler dient hab', da war ich wohl a wüster Bursch' — im Raufen hat's kaner mit mir aufnehmen können — kaner! — Das haben alle Buben meilenweit in der Rund' g'wußt — aber sonst hab' ich nichts Uebles than, als dann und wann a bißl g'wildert!

Gilli. Und das Handwerk hat Dir wohl der Jager — der Gotthard — legen wollen, und Du hast Dich zur Wehr' g'setzt?

Hans. Nein! — nein! So war's nicht! Hör' mich nur weiter an! — Der Sepp, der Holzhandler, war auch öfter mit mir auf der Pürsch — er hat g'wußt, daß man mich hinlocken kann, wo man will, wann man mir sagt, daß da oder dort a Wild wechselt — und darum hat er mich einmal aufg'sucht und hat mir g'sagt, daß dort im Wald' über der Felswand all' Nacht a Capital-Hirsch — a Sechzehneder herüber wechselt! — Das war mir g'nug! — Ich hab'mich aufg'macht — mein' kurzen Stutzen unter der Joppen versteckt — stad den Weg hinauf — halt' oben a wen'g an, um z'sehn wie ich dem Wild den Wind abg'winn' — da — auf einmal — packt mich Einer von ruckwärts — mit an Ruck' mach' ich mich los — wend' mich — und seh' — 's ist der Jager! — Ich war gar nit erschrocken — hat er mich doch bei kein' Schuß ertappt, und a mein' Stutzen nit g'sehen — ich sag' also ganz ruhig: „Was bast? Seit wann ist's verboten, durch'n Wald z'gehen?" Er aber schreit: „Ich verbiet' Dir's, denn ich weiß, wohin Du gehen willst! — Schuft! Du gehst zu der Dirn', die mei' Braut ist!"

— Ich wußt' von keiner Dirn' nichts, und lach' hellaut auf — er aber — ich hab's g'merkt, er glüht vom Wein — wird über mein Lachen völlig wüthig. — »Du sollst mich nicht mehr auslachen!« schreit er, »Du nicht!« Und dabei reißt er b'Büchsen von der Schulter und legt auf mich an. Ich duck' mich nieder — mach' z'gleich ein' Sprung — unterlauf' ihm 's G'wehr — und pack' ihn um b'Mitt'! —

Gilli (welche der Erzählung in der größten Spannung gefolgt ist — läßt die Flinte sinken, drückt beide Hände vor die Augen und schreit auf:) Ah! — Nit weiter!

Hans (nach einer kurzen Pause). Ich hab' ihm nichts z'Leid' thun woll'n — in der Luft hab' ich ihn g'halten, und g'sagt: »Wirf' die Flinten weg! — Dann laß' ich Dich aus, damit 'st heimgeh'n und dein' Rausch ausschlafen kannst!« — Er aber wehrt sich, stoßt mit dem Kolben nach mein' Kopf, daß d'Funken vor meine Augen g'sprüht haben — jetzt hat's golten, mei Leben z'retten — ich wollt' ihn nur unter mich kriegen, und dann davonlaufen — er aber hat sich mit einer Riesenkraft in mein' Armen g'wunden — bis — auf einmal — ein Schrei — ein Zucken — ich laß' los — er terkelt — und — wie in d'Erd' war er vor mir versunken — über die Felswand hinunter! — Kein' Laut hab' ich mehr g'hört — todtenstill war's im Wald', als ob b'ganze Natur mit mir vor Schrecken lahm wär' — da ist der Mond blutigroth herauf'stiegen — sei blasses Licht hat Alles um mich herum noch ent'risch g'macht — ich wollt' fort — da theilt sich's Strauchwerk — und heraustritt — der Sepp!

Gilli (bebend). Der Sepp? —

Hans. Ich hab' schon g'meint, er will mich fassen — aber er hat mir zug'rufen: »Fürcht' mich nicht — was ich auch g'seh'n hab' — ich hab' nichts g'sehen — ich verrath' nichts! — aber mach' fort! über die Gränz' — sonst steh' ich Dir für nichts!« — Bei den Worten wollt' er mir noch ein' Geldbeutel in b'Hand drucken — aber ich hab's abg'wehrt, und bin fort — durch's Dickicht, wo noch kein Menschenfuß ein' Weg bahnt hat — über Eisfelder und durch tiefe Schluchten — fort wie der Kain nach dem ersten Brudermord! Und doch — doch hat mir mein G'wissen zug'rufen: »Du bist nicht Schuld!«

Gilli (mit wildem Feuer). Nein! Du nicht! — Du nicht! — Wie Schuppen fallt's jetzt von mein' Augen, und 's wird mir Alles klar — fürcherlich klar!

Hans (Gilli's Hand fassend). Gilli! Du glaubst mein' Worten? Du fluchst mir nicht? — Dann — dann soll g'schehen mit mir, was will — ruhig werd' ich selbst den Tod — —

Gilli (vor dem Gedanken erschreckt). Den Tod? — Du? Nein — Du sollst — Du darfst nicht sterben! Die Seel' vom Gotthard könnt' in Ewigkeit nicht mehr zur Ruh' kommen, wenn noch unschuldig's Blut über sein' Grab vergossen wurd'! — Ich hab' Dich ausg'liefert — ich mach' Dich wieder frei! Der Herrgott allein soll richten unter uns! — (Plötzlich aufhorchend) Still! Still! Ich hör' kommen! — 's darf jetzt Niemand was merken! — Geh' z'ruck in dein' G'fängniß! — Ich bleib' da, und werd' ein' Augenblick finden! — G'wiß! aber jetzt — fort! — hinein! (Drängt Hans wieder in die Seitenthür und schiebt den Riegel vor.) Wenn ich nur jetzt verbergen kann, was in mir vorgeht! — Fassung! — Fassung! (Hebt die Flinte wieder auf, und stellt sich, Wache haltend, an die Thür.)

Achte Scene.

Gilli. Cajetan. Martin. Mathis und noch mehrere andere Burschen (kommen wieder zurück, einige tragen große Weinkrüge und Holzbecher).

Martin. So — jetzt ist Proviant da, und noch mehr Cameraden haben wir auch aus der Schenk' mitg'nommen — jetzt laßt sich's lustig Wach' halten!

Cajetan. Das glaub' ich! — D'rum hab' ich auch (auf den Weinkrug weisend) dafür gesorgt, daß in unsere Truppe ein guter Geist komme!

Mathis (zu Cajetan). Von Dir war's aber groß g'sehlt, daß Du auch fort bist!

Cajetan. Was? Hab' ich nicht an meiner statt meinen Mann gestellt? (Auf Cilli weisend.) Da schaut einmal hin! — Ein Mordkerl!

Martin. Na ja — aus der Dirn' könnt' man wohl drei solche Haneferln machen, wie Du eins bist! (Wendet sich von Cajetan ab und zu Cilli.) Wie ist's? Nichts vorgefallen, seitdem wir fort waren?

Cilli. Nichts! — Und d'rum mein' ich — Ihr braucht gar nicht daz'bleiben — den Dienst versteh' ich schon allein! Ihr wär't dort, wo vielleicht jetzt g'rauft wird, nöthiger!

Martin. Wär' mir wohl selber lieber

Cajetan (für sich). Mir weniger!

Martin. Aber wir müssen schon bleiben, wo uns der g'strenge Herr hinpostirt hat!

Cajetan (hat sich mit den Uebrigen mehr links zu den Weinkrügen gesetzt, und trinkt, sich muthig stellend). Freilich! Wir halten tapfer aus! — Wär' nicht übel — von da fortgeh'n! — Jetzt wird's erst schön!

Cilli (für sich). Sie wollen nicht fort, und so lang' sie da sein, ist ka Rettung möglich — ! Was stell' ich an? (Sieht sich um.) Ha! die Sabin'!

Neunte Scene.

Vorige. Sabine.

Sabine (kommt vom Hintergrunde links, Cilli erblickend). Ah! — Da treff' ich Dich? — Was ist's denn mit Dir? — Du hast heut' ganz d'rauf vergessen, die Küh' in's Freie z'lassen! Sie brüllen im Stall, und rasseln mit den Ketten!

Cilli (leise zu ihr). Ich hab' wem Andern (auf die Seitenthür blickend) frei z'machen! — Mein Seelenheil hängt d'ran!

Sabine (leise). Wen denn? — wen?

Cilli (leise). Du sollst Alles erfahren, wenn nur erst die — (auf die Burschen weisend) fortgebracht wären! (Dringender.) Denk' nach, ob Dir nichts einfallt — nur auf zehn Minuten muß die Luft dahier rein sein!

Sabine (leise). Hm! — Wenn Dir so viel d'ran g'legen ist, so will ich's schon probiren! — Aber Du mußt hernach auch mit — wenigstens a Strecken weit, damit's nicht auffallt!

Cilli. Ja — ja — ich thu' Alles!

Sabine. Na — so laß' mich nur machen! (Geht zu den Burschen, Martin auf die Schulter klopfend.) Na, laßt Euch's gut g'schehen?

Martin (sich nach ihr umsehend). Schon wieder so a Stück Weibsbild da!

Sabine. Na — bin ich Euch leicht z'wider?

Martin. All's zu seiner Zeit! — Wann's hübsch ruhig ist im Land, und man sonst nichts z'thun hat, dann ist wohl so a rauhe Dirn' a hübsche Sach' — aber jetzt sein d'Umständ' ernsthaft — jetzt braucht man Leut', die was ausrichten können!

Sabine. Und das — meinst, könnt' unsereins nicht?

Cajetan. Nun ja — ausrichten können die Weiber wohl — and're Leut'!

Martin (zu Sabinen). Was kannst Du? Höchstens a Liedl singen! Damit ist jetzt nichts g'holfen!

Cajetan. Ja — jetzt braucht man Männer der That — so wie ich einer bin! O — nur That! (Trinkt.)

Sabine. Und a Lied, meinst, wär' kei That? — Ha — mit ein' echten Lied mach' ich mit Euch Allen, was ich will!

Martin. Ha ha! das möcht' ich doch sehen! Laß' hören! so vergeht uns doch die Zeit!

Sabine. Na, so paßt's auf, und stutzt's mit — wann mir auch im Anfang just nichts Lustiges einfallt!

Mehrere Bursche. All'eins, leg' uns los!

Sabine (singt nach einer sehr wehmüthigen Melodie).

Lied mit Chor.

Aus ihrer Hütt' in aller Fruh
  A Bauerndirndel tritt —
D'Sonn' lächelt ihr so freundlich zu —
  Das Dirndel g'freut sich nit!
Sie steht wohl da im freien Feld —
  Sieht bis zur grünen Au' —
Ihr' Brust nur bange Ahnung schwellt,
  Ihr Aug' füllt Thränenthau'!

Denn auszog'n ist als junger Held
  Ihr Bub' — a braver Schütz' —
Zur selben Stund' auch d'raußt im Feld
  Trifft ihn der Kugel Blitz!
Ihr Namen war sein letzter Hauch,
  Bevor er noch entseelt —
Sie hört's nicht · doch ihr Herz bricht auch
  Wie sein's — im freien Feld!

Die Bursche (sehen, durch den Gesang traurig gestimmt, mit gesenkten Häuptern vor sich hin).

Sabine (näher zu ihnen tretend) Warum singt's denn nicht mit?

Ein Bursche. Ich weiß nit, wie uns g'schieht! Daß Keiner singt und Keiner lacht! Das Lied hat uns so traurig g'macht.

Sabine (zu Cilli gewendet und auf die Burschen weisend).

Ja — Keiner singt und Keiner lacht —
  Das Lied hat sie so traurig g'macht!
(Rasch in eine sehr heitere Weise übergehend.)
D'rum weg mit den traurigen Bildern!
  Noch blüht uns ja Allen der Mai!
Noch ruft uns zur Lust und zum Tanzen
  Am Kirmeß die Fidel herbei!

Zithernspiel — Geigenklang!
  B'sinnt sich der Bua nit lang,
Schaut sich um's Dirndel um,
  Dreht's um und um!

Strampst dazu — paßt in d'Händ'!
  D'Lustigkeit nimmt kein End'!
Tanzt wird bis in der Fruh,
  G'juchezt dazu! Ju, ju, Juhu!
(Beginnt am Schlusse selbst zu tanzen.)

Die Bursche (sind ebenfalls aufgesprungen, einer faßt Sabinen, die andern drehen sich allein im Kreise herum, klatschen in die Hände, strampfen den Tact und jauchzen).

Chor.

Tanzt wird bis in der Fruh,
  G'juchezt dazu! Ju, ju, Juhu!

Sabine (zu Cilli).

'S tanzen jetzt Alle mit,
  Das macht mei' Lied!
(Nun nach einer kriegerischen Weise.)
Doch wie der Tiroler dabei ist beim Tanz,
So g'hört er, wann's gilt, auch sein'm Vaterland ganz!
Und kommen die Feind', da bleibt Keiner mehr z' Haus!
Wer hält et's denn auch in der Stuben wohl aus!

Sie denken, wie d' Alten sein zogen zum Streit,
Der Hofer, der Speckbacher! waren das Leut'!
An d'n rothbartigen Haspinger wird auch gedacht,
Wie der mit dem Kreuz ist voran in d'r Schlacht!
(Man hört in einiger Entfernung Flintenschüsse.)
Hört's krachen! He hollah! der Tanz geht jetzt los!
Wir geben die Antwort mit feurigem G'schoß!
Dorthin, wo die G'fahr ist! dort mitten hinein!
Wer z'ruckbleibt, das müßt ka Tiroler Bub' sein!

Die Bursche (durch das Lied entflammt, greifen nach ihren Stutzen und stimmen stürmisch mit ein).

Chor.

Dorthin, wo die G'fahr ist, dort mitten
hinein!
Wer z'ruckbleibt, das müßt' ka Tiroler
Bub' sein!

(Eilen Alle tumultuarisch nach rechts ab.)

Sabine (zu Cilli, auf die Bursche weisend).
Da schau', was mei' Liebel bewirkt Alles
hat!
Dann sag' mir noch Einer: „A Lieb'
wär' ka That!"

(Faßt Cilli an der Hand und eilt mit ihr und
den Burschen ab.)

Zehnte Scene.

Sepp (erscheint außerhalb der Hütte eben aus
dem Walde tretend).

Das Lärmen — das Singen — und
Alle fort? (Tritt in die Hütte ein, sich in der-
selben umsehend.) Nicht Einer auf der Wach'
blieben? (Aufathmend.) Um so besser! —
Nach dem, was mir der alte Rampinger
vorhin in's Ohr g'raunt hat, hat's mir ka
Ruh' mehr lassen! — Ich muß den Hans
zum Schweigen bringen — zum ewigen
Schweigen! Aber ist er denn auch noch da?
Am End' haben's ihn auch mit fortg'nom-
men! — Ich will doch sehen! (Geht an die
Seitenthür und pocht an dieselbe, dann horchend).

Hans' Stimme (von innen). Bist Du's,
Cilli?

Sepp (von der Thür zurückprallend mit gedämpfter Stimme). Was war das?! — Er
fragt: »Bist Du's, Cilli?!« Sie muß also
bei ihm g'wesen sein — muß versprochen
haben, wieder z'kommen! (Mit innerer Wuth.)
Ha! ich hab' doch Recht g'habt! Die Dirn'
ist verliebt in ihn — d'rum hat's es g'reut,
was's thau hat. (Die Faust drohend gegen die
Seitenthür ballend.) Mit dem Wort hast Du
Dir dein eigenes Todesurtheil gesprochen.
(Ueberlegend.) Wenn ich die Thür aufmachet
— ihn mit meiner Flinte niederstrecket?

(Sich scheu umsehend.) Nein — wenn doch
noch Leut' in der Näh' wären — der Schuß
locket's herbei — sie sehten mich da! nein!
's muß auf eine andere Art g'scheh'n, daß
Niemand ein Verdacht auf mich haben
kann! (Man hört das Heulen eines nahenden
Sturmes.) Ha! wie der Wind blast! (Sieht
gegen den Hintergrund.) D' Funken vom Brand
treibt er bis über b' Berg' (plötzlich von einem
finstern Gedanken durchzuckt) und mir — mir
führt er ein'n Gedanken zu! (Sich wieder in
der Hütten umsehend.) Die alte Bretterhütten
da rundum Tanneng'reis und Holzspän, (hebt
ein Stück Holz vom Boden auf, es besehend) 's Pech
tropft völlig heraus — ein'n Feuerschwamm
hineing'steckt — der Wind blast eh' durch
alle Spalten und Riß — in fünf Minuten
steht d'ganze Baraken im Feuer — 's Gebälk stürzt ein — und er?! (Entschlossen.)
Ich thu's! (Zieht aus der Tasche Stahl, Stein
und Schwamm, schlägt rasch Feuer — bläst den
glühenden Schwamm an — nimmt dann vom
Boden einige Holzspäne, die er mit den abgeris-
senen Stücken des Schwammes überwindet.) So,
unten a Pulverpatron dazu! — Dahinein
zuerst. (Eilt zu dem unter dem Tische liegenden
Reißigbündel und steckt den Brand hinein.) Dann
noch von außen au die Bretterwand —
dann Wind! blas' au, blas' au! — Ich
renn' auf den Berg und will sehen, wie
dem sein' Todtenfackel leucht't! (Eilt nach
dem Hintergrunde links ab.)

(Die Bühne bleibt einige Zeit leer, während welcher das Stöhnen des Windes fortgehört wird.)

Elfte Scene.

Cilli, dann Hans.

Cilli (eilt fast athemlos vom Hintergrunde
rechts herein). Sie sein Alle fort nach dem
Paß — so bald kommt Niemand daher! —
Jetzt an's Werk! an's Werk! (Eilt zur Seiten-
thür, schiebt den Riegel zurück und öffnet sie.)
Heraus! heraus! — geschwind!

Hans (tritt aus der Seitenthür). Ha! so warst doch Du's, die vorhin an die Thür klopft hat?

Cilli (erstaunt). Klopft? — ich?

Hans. Wer sonst? — Ich hab' z'erst laut singen g'hört

Cilli. Ja — dann aber sein wir Alle fort! (Bange.) Sollt' nach mir noch Jemand da g'wesen sein? Nein! — nein! Du hast Dich g'irrt — 's war der Wind oder — aber all'eins, was's g'wesen ist — ich war's nicht, ich bin erst jetzt wieder umkehrt und herg'loffen —

Hans (faßt ihre Hand mit seinen beiden Händen). Und bringst mir die Freiheit und das Leben, was jetzt erst wieder ein' Werth für mich hat, weil ich's Dir verdank'! (Sinkt vor ihr in die Knie und drückt ihre Hand an seine Lippen.)

Cilli (ihn rasch in die Höhe ziehend). Halt' Dich jetzt nicht auf! Du bist nicht sicher, so lang' dein Fuß noch auf dem Boden steht! Fort! fort!

Hans. Ich muß! — Aber (sie mit seinen Arm umschlingend) wann werd' ich Dich wieder sehen?

Cilli (sich abwendend). Nie mehr! nie mehr! Du darfst in das Land nicht mehr kommen — ein doppelter Verdacht liegt auf Dir. — Laß' uns kurzen Abschied nehmen — (mit hervorbrechenden Thränen) ein' Abschied für's ganze Leben! (Will an seine Brust sinken, wird aber durch das Knistern des Feuers aufgeschreckt — sie richtet ihre Blicke gegen den Tisch.) Gott! was ist das? —

(Während dieser Scene sind zuerst aus dem unter dem Tisch liegenden Reisigbündel einzelne Flämmchen aufgestiegen, nun brennt das Feuer hellauf, die Flammen züngeln an den Füßen des Tisches bis zu dessen Platte hinauf.)

Hans (wendet sich ebenfalls um). Himmel! Der Holzstoß brennt!

Cilli. Um Gottes willen! — Und die ganze Hütten aus Brettern —

Hans (rasch). Wart! wart — da — der Wasserkrug! (Eilt zur Thür, ergreift den Wasserkrug, und schüttet dessen Inhalt über den Holzstoß, worauf das Feuer an dieser Stelle erlischt.) Der Tisch glüht fast auch schon! — und da — (Erblickt den mitten auf der Tischplatte liegenden Brief.)

Cilli. Was ist's mit der Schrift?

Hans. 's ist der Brief, den mir mein Herr an sein' Verwandten mitgeben hat — (Nimmt den Brief weg, will ihn lesen — mächtig überrascht.) Was ist das?

Cilli (zu ihm eilend). Was? — was?

Hans (auf den Brief weisend). Da — a doppelte Schrift! Siehst — siehst — da mit gewöhnlicher Tinten die Rechnung, und da — querüber treten Buchstaben hervor — in brauner Schrift — als hätt's erst die Hitz' von dem Feuer auf dem Papier sichtbar g'macht! (Sieht wieder in den Brief.) Wart'! wart'! — italienisch — doch das hab' ich erlernt —

Cilli (gespannt). Was steht also in dem Brief —?

Hans. Hör' nur — hör'! — das heißt: (Aus dem Brief lesend.) »Wir werden nach deinem Rathe handeln — Du bist im Lande — am 12.« — (sprechend) das ist heut'! — (Liest wieder.) »Schicke nur einige deiner Leute gegen den Engpaß im Westen — sie sollen durch einige Schüsse alarmiren — ein paar Hütten in Brand stecken; — während Alles dorthin eilt — kommen wir durch die Schlucht im südlichen Fernerwald in das unbewachte Ort —«

Cilli. Herr im Himmel! — Und sie sein wirklich Alle dorthin (in die Scene rechts weisend) im Dorf und Schloß sein nur mehr die Weiber und die Kranken —

Hans. Ich will (gegen rechts weisend) ihnen nach! — sie sollen umkehren — mit mir über die Berge gegen die bedrohte Schlucht! — vielleicht is's noch nicht zu spät! — fort! fort! (Wendet sich mit Cilli gegen den Hintergrund, in demselben Augenblicke erdröhnt das Gebälke von einem mächtigen Windstoße — die Flammen, welche bereits an dem unteren Holzwerke der Rückwand sichtbar waren, schlagen, dadurch angefacht, riesig in die Höhe,

ein brennender Balken stürzt grade vor dem rück-
wärtigen Thore nieder.)

Hans (zurückbebend). Allmächtiger! —

Cilli. Die ganze Hütten steht in Brand!

Hans. Kein Answeg möglich!

Cilli. Wir sein verloren! (Vor Schreck
ohnmächtig.)

Hans (fängt sie in seinen Armen auf).
Gott im Himmel, rett' ihr Leben! (Schreit.)
Zu Hilfe! zu Hilfe!

(Man hört ganz in der Nähe die Hornsignale
der Jäger.)

Hans (aufbebend). Ha! dort! vom Berg
herunter! — Die Schaar Soldaten! (Ruft.)
Zu Hilf'! zu Hilf'!

Zwölfte Scene.

Vorige. Hauptmann Stromberg.
Andres. Ein Trupp Jäger.

Andres (erscheint zuerst auf der Anhöhe im
Hintergrunde, den ihm Folgenden zurufend). Von
dort — (gegen die Hütte weisend) schallt das
Hilfs'schrei!

Stromb. u. die Jäger (erscheinen außerhalb der Hütte, von links herbeieilend).

Stromb. (zu den Jägern). Macht den
Eingang frei, das Gebälk fort!

(Mehrere Zimmerleute der Jäger erscheinen
außerhalb der Hütte mit ihren Aexten, schlagen
einen Theil der bereits brennenden Baumstämme
und Balken ab, entfernen sie zu beiden Seiten
und machen so den Eingang zum Theile frei.)

Hans (während dieß geschieht, zu der in
seinen Armen liegenden Cilli, bemüht, sie aufzurichten). Cilli! komm' zu Dir! — die Rettung
ist da! — Der Weg wird frei! Erhol' Dich
vom Schreck'! — Ha! sie schlägt die Augen
wieder auf! (Zu den Jägern.) Tragt sie hinaus! sie zuerst!

Cilli (richtet sich matt wieder auf). Was
ist g'schehen? der Qualm! der Rauch! —
fort! — fort!

Stromb. Andres und die Jäger
(dringen über das noch am Boden liegende Gebälk
in die Hütte ein).

Stromb. (zu den Jägern). Schnell!
Schafft sie in's Freie! Dann laßt die Barrake
in's Himmels Namen zusammenbrennen —
und dorthin —! (Gegen den Hintergrund rechts
weisend.)

Hans (mit ängstlicher Hast). Nein! nein!
Laßt Euch nicht irren! Dort ist der Scheinangriff — folgt mir an den Ort, wo die
wirkliche G'fahr ist! Da — da — den
Brief! les'! les'! (Hält Stromberg den Brief
vor die Augen.)

Andres (zu Hans vortretend, und ihn in's
Auge fassend). Was seh' ich? Das ist ja unser
G'fangener — der Spion!

Stromb. (aufmerksam werdend). Spion?!

Hans (wie oben). Das bin ich nicht!
Gott ist mein Zeug'!

Cilli (ebenfalls angstvoll). Glaubt's ihm!
— Auch ich steh' mit mein' Leben für ihn
ein!

Hans. Schießt mich nieder, wenn ich
Euch irr'führ'! — aber folgt mir — mir
— auf den Weg, den ich Euch zeig'!

Stromb. Der Kaufmann, an den der
Brief gerichtet, wurde mir schon als ver-
dächtig bezeichnet! (Zu Hans.) Das spricht
für deine Aussage!

Hans (mit bittend erhobenen Händen). So
laßt uns sein' schändlichen Plan vereiteln!
Mir nach, und wenn uns der Feind ent-
gegenkommt, stellt's mich voran! — (Ent-
reißt Andres die Flinte, dieselbe hoch erhebend.)
Dann sollt's sehen, ob ich a Spion — a
Landesverräther bin! (Eilt voraus nach dem
Hintergrunde rechts ab.)

Stromb. (zu den Jägern). Ihm nach!
(Eilt mit den Jägern, Andres und Cilli in derselben Richtung ab, die Hörner der Jäger erschallen.)

(Kaum nachdem alle die Hütte verlassen haben,
erheben sich im Hintergrunde und auf der linken
Seite der Hütte auf's Neue die Flammen. —
Das Sparrwerk stürzt brennend nieder — der
Verwandlungsvorhang fällt.)

(Während der Zwischenpause tönen die Hörner
fort, zuletzt fällt kriegerische Musik ein, unter welcher
sich der Verwandlungsvorhang wieder hebt, und
das unten beschriebene Schlachtbild zeigt.)

Verwandlung.

(Vorne zu beiden Seiten Wald — von der Mitte der Bühne zieht sich gegen den Hintergrund zu ein Engpaß zwischen hohen, oben mit Tannen und Föhren bewachsenen Felswänden.)

Dreizehnte Scene.

Stromberg, Andres, Hans, Cilli, die Jäger und mehrere andere Tiroler Schützen

(stehen und liegen zum Theile auf beiden Seiten der Felsenhöhen. Vom tiefsten Hintergrunde her dringt ein Haufe bewaffneter Freischäler eben ein, die auf den Felsen befindlichen Tiroler und Jäger schießen auf dieselben — die Schüsse werden erwiedert — einzelne der Freischäler versuchen es die Höhen zu erklimmen, werden aber zurückgedrängt; mächtige Felsenstücke und Baumstämme werden von oben auf die Eindringenden herabgeschleudert, so daß nach kurzem Gefechte der Paß selbst auf der den Zusehern zugekehrten Seite verdeckt wird — die Tiroler und Jäger stürmen nun alle hinab. — Schießen, Schlachtgeschrei, das Blasen der Hörner dauern eine Weile fort; zuletzt ertönt der Ruf: „Sieg! Sieg!" begleitet von einer Fanfare hinter dem Walle).

Vierzehnte Scene.

Arthausen, Rampinger, Martin, Mathis, bewaffnete Männer und Bursche (eilen im Vordergrund links heraus).

Arth. (zu den ihm Folgenden) Hört Ihr! Siegsgeschrei erschallt! Die Tapferen haben ihre Aufgabe gelöst, ehe wir uns mit ihnen vereinigen konnten.

Ramp. Du siehst — sie haben unsere Hilf' nicht braucht!

Arth. Doch wer war's, der sie auf den wirklich bedrohten Punct führte! — Wem danken wir unsere Rettung?

Fünfzehnte Scene.

Vorige. Hans, Cilli, Stromberg, Andres. Jäger und Tiroler.

Hans (in der rechten Hand eine erbeutete Fahne tragend, mit dem linken Arm Cilli umschlingend, erscheint auf dem durch die herabgestürzten Felsen und Stämme gebildeten Walle, rechts von ihm Stromberg mit dem Säbel in der Hand).

Jäger und Tiroler Schützen (klettern ihnen nach).

Strob. (auf Hans weisend) Er hat uns geführt, er hat heldenmüthig gekämpft, ihm gebührt der Preis des Sieges!

Arthausen, Rampinger, die Bauern und Bursche (erstaunt) Er?! — Der Volker-Hans?!

Ramp. Und die Cilli — in sein'n Armen —?! Wie erklär' ich mir nur —?!

Hans, Cilli, Stromberg, die Jäger und Tiroler Schützen (sind über den Wall herab nach dem Vordergrunde gekommen, die Menge bleibt aber hinter den Hauptpersonen so zurück, daß der Hintergrund der Bühne anfänglich durch sie gedeckt wird).

Hans (hervorkommend, zu Rampinger). Wer erklärt die Weg', die der da oben (g'gen Himmel zeigend) geht? (Zu Allen.) Ich glaub', den Verdacht, daß ich im Sold' eurer Feind' und als Verräther wieder in mei' Heimat kommen bin, werd's jetzt wohl aufgeben! — Was aber die That, wegen der ich vor fünf Jahren flüchtig worden bin betrifft, darüber soll das G'richt —

Andr. Stimme (vom Hintergrunde der Bühne her ertönend). Gott hat bereits gerichtet!

Alle. Was ist —? (Treten zu beiden Seiten auseinander, so daß der Hintergrund in der Mitte frei wird.)

Sechzehnte Scene.

Vorige. Sepp, Ambrosius, Bewaffnete.

(Man sieht in der Mitte der Bühne auf einem zweirädrigen, mit Stroh bedeckten und mit Ochsen bespannten Wagen Sepp, aus einer schweren Wunde blutend, liegen.)

Ambr. (kniet neben ihm, Bewaffnete umstehen den Wagen. Weiber und Kinder knieen betend zu beiden Seiten).

Alle (entsetzt auf das sich darbietende Bild sehend). Der Sepp!

Ambr. Er hat dem armen Volker-Haus den Tod geschworen, und fand ihn selbst! Denn als er von der durch ihn in Brand gesteckten Köhlerhütte wieder zu seinen Genossen zurückkehren wollte, traf ihn der Schuß eines im Walde lauernden Feindes.

Gilli. Er — er hat den Brand gelegt?

Hans. Er hat's bös' g'meint, Gott hat's zum Besten g'lenkt!

Ambr. Darum vergeb't dem Sterbenden, der reuig seine Frevel bekennt.

Sepp (sich todesmatt im Wagen halb aufrichtend). Ja, ich will's g'stehen — Gilli! — Hör' Du mich! Daß der Gotthard damals mit dem Hans zusammeng'rathen ist — war — meine Schuld! — Ich hab' g'wußt, daß's mit dem Hans Keiner aufnehmen kann, und d'rum hab' ich den Jäger eifersüchtig g'macht — ich hab' ihm g'sagt, daß der Hans bei der Nacht zu seiner Dirn' schleicht — den Hans aber — hab' ich an dieselbe Stelle g'lockt — und — so — so ist's kommen! — Der Gotthard ist wohl durch'n Hans sei' Hand g'stürzt — aber — dem Willen nach war ich sein Mörder! — Die Straf' hat mich ereilt, — ich bitt' Euch nicht, daß's mir — verzeiht's — aber — flucht flucht mir nicht! (Streckt sich und läßt sterbend sein Haupt zurücksinken.)

Arth. (winkt dem Wagenführer mit der Hand gegen die linke Seite). Bringt ihn fort! (Die Menge im Vordergrunde schließt sich wieder, so daß das Fortbringen des Wagens nicht mehr gesehen wird.)

Arth. Dieß düstere Bild soll nicht die Freude über die Abwendung der gemeinsamen Gefahr, über den Sieg unserer Tapfern trüben! (Zu Hans.) Doch dein Lohn— Hans. Wenn ich ein' Lohn verdien', so kann mir den nur Eine geben! (Zu Gilli.) Gilli! Dein Gelöbniß ist erfüllt, — Du bist wieder frei!

Gilli. Und der Gotthard kann nur segnend herunterschauen, wenn ich mei' Hand jetzt in die deinige leg', denn wir Alle unsere Rettung z'danken haben! (Reicht ihm die Hand.)

Ramp. (zwischen Beide tretend). So ist's recht! — Mein'n Segen habt's auch, und mei' Wirthschaft dazu! — Ich zieh' mich halt in's Ausgeding.

Siebenzehnte Scene.

Vorige. Weiber, Mädchen und Kinder (eilen theils zu beiden Seiten des Vordergrundes herbei, theils erscheinen sie, Blumensträuße und grüne Zweige schwingend auf den Höhen).

Martin. Aber jetzt woll'n wir den Hans in ein'm Triumphzug durch's ganze Thal tragen — d'Musiker soll'n aufspielen und Vivat! wollen wir schreien, daß alle Berg davon erschallen!

Alle (schwenken die Hüte und beginnen zu rufen). Vivat!

Hans (abwehrend). Laßt das — ich bitt' euch, oder ich geh' auf und davon!

Ramp. (zu Hans). Recht hast! So ein Tag darf man nit mit tollen G'spectal'l feiern! — Wann's wollt's, werd' ich Euch erzählen, wie's unser Sandwirth in ein'm ähnlichen Fall gethan hat!

Alle (zu Rampinger). So erzähl'!

Ramp. (tritt in die Mitte der Bühne).

Schlußlied.

Der Hofer vom Sand hatt' am Sterzinger Moos'
Entschieden der armen Tiroler Loos —

47

D'rauf kehrt er, zur Stärkung vom Wein-
glas zu nippen,
Ganz still ein, in's Wirthshaus, es heißt:
»Zu den Krippen.«

Da treten zwei Männer zur Thür bei ihm
ein,
Und sagen: »Hörst unten die Leut' alle
schrei'n!
Sie wissen, daß D'da bist, und wollen
nit gehen,
Bevor sie den tapfern Anderle g'sehen.«

D'rauf geht a Fensterl auf — oben im
Haus,
Der Hofer guckt freundlich, All' grüßend
heraus;

Und sagt dann: »St! Beten! nit schreien
und toben,
I nit — und Des nit habt's g'richt!
der da oben!«

Und b'Händ' zusamm'g'falter, zum Him-
mel erhöht,
Er andächtig sein »Vater unser« nun
bet't! —
Da hören's All' auf glei' mit Tob'n und
Schrei'n,
Sie knien und beten — und b'Glocken
schallt d'rein!
(Knlet zum Schluß selbst betend nieder.)

(Alle Uebrigen knieen ebenfalls ergriffen mit ent-
blößten Häuptern nieder. — man hört die Thurm-
glocken läuten.)

(Der Vorhang fällt.)

E n d e.

Von

Friedrich Kaiser

sind bei uns erschienen:

Männerschönheit. Original=Characterbild mit Gesang in 3 Acten. Mit Titelkupfer. 8. geh.
15 Sgr. oder 75 !

Schneider als Naturdichter, oder: Der Herr Vetter aus Steiermark. Posse mit Gesang
2 Acten. Mit 1 Bild. 8. geh.
15 Sgr. oder 75 !

Eine Posse als Medicin. Originalposse mit Gesang in 3 Acten. Mit allegorischem Bilde. 8.
15 Sgr. oder 75 !

Ein Fürst. Characterbild mit Gesang in 3 Acten. Mit 1 allegorischen Bilde. 8. geh. 15 Sgr. oder 75 !

Mönch und Soldat. Characterbild mit Gesang in 3 Acten. Mit 1 Titelbilde. 8. geh.
15 Sgr. oder 75 !

Schule der Armen, oder: Zwei Millionen. Original=Characterbild mit Gesang in 4 Acten.
1 Titelbilde. 8. geh.
15 Sgr. oder 75 !

Der Kastelbinder, oder: 10.000 Gulden. Posse mit Gesang in 3 Acten. Mit 1 Titelbilde. 8.
15 Sgr. oder 75 !

Junker und Knecht. Characterbild mit Gesang in 3 Acten. Mit 1 Titelbilde. 8. geh. 15 Sgr. oder 75 !

Ein Traum — kein Traum, oder: Der Schauspielerin letzte Rolle. Posse mit Gesang in 2 A
8. geh.
15 Sgr. oder 75 !

Des Schauspielers letzte Rolle. Posse mit Gesang in 3 Acten. Mit 1 Titelbilde. 8. geh.
15 Sgr. oder 75 !

Dienstbotenwirthschaft, oder: Chatouille und Uhr. Characterbild mit Gesang in 2 Acten.
1 Titelbilde. 8. geh.
12 Sgr. oder 60 !

Doctor und Friseur, oder: Die Sucht nach Abenteuern. Posse mit Gesang in 2 Acten. 3r
Auflage.
7½ Sgr. oder 35 !

Zum ersten Male im Theater. Posse in 1 Acte.
7½ Sgr. oder 35 !

Müller und Schiffmeister. Posse mit Gesang in 2 Acten.
10 Sgr. oder 50 !

Zwei Pistolen, oder: Erschossen oder lebendig. Posse mit Gesang in 2 Acten.
10 Sgr. oder 50 !

Ein neuer Monte=Christo. Original=Characterbild in 3 Acten.
12 Sgr. oder 60 !

Die Frau Wirthin. Characterbild mit Gesang in 3 Acten.
12 Sgr. oder 60 !

Etwas Kleines. Characterbild mit Gesang in 3 Acten.
12 Sgr. oder 60 !

Zwei Testamente. Characterbild mit Gesang in 3 Acten.
12 Sgr. oder 60 !

Unrecht Gut. Characterbild mit Gesang in 3 Acten und 1 Vorspiele.
12 Sgr. oder 60 !

Des Krämers Töchterlein. Original=Characterbild mit Gesang in 3 Acten.
12 Sgr. oder 60 !

Eine Feindin und ein Freund. Posse mit Gesang in 3 Acten.
12 Sgr. oder 60 !

Ein Lump. Characterbild mit Gesang in 3 Acten.
12 Sgr. oder 60 !

Verrechnet. Original=Characterbild mit Gesang in 3 Acten.
12 Sgr. oder 60 !

Palais und Irrenhaus. Original=Characterbild mit Gesang in 2 Acten.
12 Sgr. oder 60 !

Jagdabenteuer. Posse mit Gesang in 2 Acten.
12 Sgr. oder 60 !

Naturmensch und Lebemann. Characterbild mit Gesang in 3 Acten.
12 Sgr. oder 60 !

Nichts. Posse mit Gesang in 3 Acten
12 Sgr. oder 60 !

Localsängerin und Postillon. Posse mit Gesang in 3 Acten.
12 Sgr. oder 60 !

Gute Nacht, Rosa! Dramatisches Genrebild in 1 Act.
6 Sgr. oder 30 ℛ

Der Soldat im Frieden. Characterbild mit Gesang, Tanz ꝛc. in 3 Acten. 12 Sgr. oder 60 ℛ

Der Mensch denkt — Lebensbild mit Gesang in 3 Abtheilungen.
12 Sgr. oder 60 ℛ

Auf dem Eis und beim Christbaum. Posse mit Gesang in 3 Acten. 12 Sgr. oder 60 ℛ

Haus Rohrmann, oder: Kajus und Sempronius. Characterbild in 3 Acten. 12 Sgr. oder 60 ℛ

Der Herr Bürgermeister und seine Familie. Characterbild mit Gesang in 3 Acten.
12 Sgr. oder 60 ℛ

Druck und Papier von Leopold Sommer in Wien.

www.ingramcontent.com/pod-product-compliance
Lightning Source LLC
Chambersburg PA
CBHW021644270326
41931CB00008B/1164